新版

教育課程論のフロンティア

大津 尚志
伊藤 良高 編著

晃 洋 書 房

は　し　が　き

　2017年に幼稚園・小学校・中学校、2018年に高校の学習指導要領の改訂が告示された。日本の教育課程が変えられようとしている。今回の改訂のキーワードとしては、「主体的、対話的で深い学び」「社会に開かれた教育課程」「資質・能力の明確化」「カリキュラム・マネジメント」などが挙げられる。今後、子どもが成長するとともに社会の産業や構造が変化するスピードはますます速まり、「予測できない変化」に主体的に対応して生きる力がますます必要な社会が到来することが考えられる。現存する多くの職業は「人工知能」にとってかわられる、という予測もされている。そういった社会状況に「人を育てる」教育は対応しなければならない。

　教育課程論は多様な教育学からのアプローチが可能である。本書は、思想、法令、歴史、政策動向、実践、評価、経営、外国との比較などの観点から多角的に学ぶことの一助となることを企図している。大学・短期大学・専門学校等において教育課程論を学習するための書として、また学校関係者、一般市民のための書として編集・執筆されたものである。

　かつて、我々が2010年に出版した本書の旧版『教育課程論のフロンティア』は4刷を重ねることができ、好評を博することができた。本書はその新版であるが、内容・執筆者ともに大幅に改めている。およそ10年の時の流れは学習指導要領の改訂のみならず、多くの時代の変化を感じさせるものであり、よりアップ・ツー・デートなものへとなるように心がけた。果たして十分なものとなっているかは、読者の賢明な判断に任せるしかないが、今後さらなる改善に努めていきたい。

　最後になったが、厳しい出版事情のなかで、本書の出版を快諾された晃洋書房の植田実社長、編集でお世話になった丸井清泰氏、校正でお手数をおかけした石風呂春香氏に、感謝の意を表したい。

2018年4月24日

編　著　者

目　　次

はしがき

第1章　教育課程とは ………………………………………………… 1
　　はじめに　(1)
　　1　「教育課程」とカリキュラム　(1)
　　2　カリキュラムの構成原理と類型　(4)
　　3　「ヒドゥン・カリキュラム」　(6)
　　おわりに　(6)

第2章　教育課程に関する法規 ……………………………………… 9
　　はじめに　(9)
　　1　教育課程を規定する法体系　(10)
　　2　教育課程と教師や教科書執筆者の裁量をめぐる問題　(11)
　　3　学習指導要領の法的拘束性をめぐる問題　(13)
　　おわりに　(13)

第3章　教育課程の歴史 ……………………………………………… 16
　　1　教育課程の歴史（戦前）　(16)
　　2　教育課程の歴史（戦後）　(22)
　　　　──学習指導要領の変遷──

第4章　新しい学習指導要領と各学校における教育課程 ………… 30
　　1　幼稚園の教育課程その他の保育内容　(30)
　　2　小学校の教育課程　(34)
　コラム1　小学校「外国語活動」と「英語」　(38)

3　中学校の教育課程　(41)
　　　　——普通教育をめぐる画一化と多様性の相克——
　　4　高校の教育課程　(45)
　　　　——18歳成人に耐えうる市民的自立を見通して——
コラム2　部活動と教育課程　(50)
コラム3　インクルーシブ教育　(53)
コラム4　多様な学びと教育課程　(55)
　　5　養護教諭・栄養教諭と教育課程　(58)

第5章　総合的な学習の時間と教育課程　……… 67
　　はじめに　(67)
　　1　総合的な学習の時間とは　(67)
　　2　総合的な学習の時間とカリキュラム・マネジメント　(69)
　　3　総合的な学習の時間で育成を目指す資質・能力　(70)
　　おわりに　(72)

第6章　教育課程と学習評価・学力テスト　……… 74
　　はじめに　(74)
　　1　学習指導要領と学習評価　(74)
　　2　「学力テスト」をめぐる動向　(76)
　　おわりに　(79)

第7章　教育課程の評価と経営　……… 81
　　はじめに　(81)
　　1　制度上の教育課程の評価と経営　(81)
　　2　教育課程の評価を中心とした教育課程経営　(82)
　　3　教育課程の評価と編成　(84)
　　おわりに　(86)

第 8 章　諸外国の教育課程 ……………………………………………… 88
　　1　アメリカの教育課程　　(88)
　　2　イギリスの教育課程　　(92)
　　3　フランスの教育課程　　(98)
　　4　ドイツの教育課程　　(102)
　　5　中国の教育課程　　(106)
　　6　韓国の教育課程　　(110)

第1章 教育課程とは

はじめに

　現代の日本においては、およそ多くの人間が「学校教育」を「経験」しているであろう。制度上は少なくとも義務教育6年間を通じ、「学校教育」という教育的営みを「経験」する。では、「学校教育」にかかわる「教育課程」というコトバに、われわれはいったい、どれほどの馴染みがあるだろうか。"キョウイクカテイ"の漢字表記が「教育課程」ではなく、概して教育的活動の流れ全体を広く指す「教育のプロセス」すなわち「教育過程」と迷われることも珍しくない。このことは、いささか大胆さを許されるならば、「教育課程」というコトバが、実際の日常生活にさほど密着し定着しているわけではないことの証しともいえる。いずれにせよ、「教育課程とは」という「そもそも」に着目するとなると、見逃すことのできない不可避な、いま1つの重要なコトバを挙げなければならない。「カリキュラム」という用語である。そしてこの「カリキュラム」の「そもそも」をめぐっても、前提的に「語義（定義）的解釈については諸説がある」とされてきた。本章では、教育課程やカリキュラムをめぐって、用語の定義や概念、捉えかたに関する基礎学的な解説からはじめ、次に、とりわけカリキュラムの類型を原理的に整理し、さらには、「学校教育」とカリキュラムの関係自体を問う比較的新しい問題にも言及していきたい。

1　「教育課程」とカリキュラム

1　「教育課程」という用語をめぐって

　「教育課程」という用語は、「カリキュラム（curriculum）」の翻訳語である。第二次世界大戦後（以下、「戦後」）まもなく登場した用語である。概して、「戦前」から「戦後」占領期頃まで呼ばれていた「教科課程」（初等教育）や「学科

課程」（中等教育）に代わり「教育課程」が用いられはじめた。端的には学校の「教育課程」は教科によってのみ構成されてはおらず、教科と教科外活動の両側面をもつという捉えかたに転換されたからである。当時の文部省「学習指導要領」における変化に着目してみよう。1947年版「「一般編」（試案）」において「教科課程」と示された箇所に関する内容は、1951年の「「一般編」（試案）改訂版」において「児童や生徒がどの学年でどのような教科の学習や教科以外の活動に従事するのが適当であるかを定め、その教科や教科以外の活動の内容や種類を学年的に配当づけたものを教育課程といっている」と示され、「学習指導要領」において初めて「教育課程」の用語が使用されることで、およそ広く定着していった。その意味では、「教育課程」という語は公的な教育行政用語としての船出であったといえる。以来、「教育課程」は主に公式的（公的）な用語として使用されてきた。冒頭で「教育課程」は「カリキュラム」の翻訳語と述べたが、この点について、もう少し丁寧にみてみよう。

　「カリキュラム」の語源とされるラテン語 'cursus' は「走ること」「競走」（'currere' は「走る」）を意味する。'curriculum' をラテン語の辞典で調べてみると「走ること」「競走路」の訳が見当たる。「履歴書」を意味する英語 'curriculum vitae' も元来ラテン語の翻訳であり、古代ローマのキケロ（Cicero, M. Tullius B.C. 106-43）において「「人生の競争」あるいは「来歴」（curriculum vitae）という比喩的な意味でも使用されていた」とされる。つまり、語源的に 'curriculum' には「人生の来歴」も含意されているのである。また、「課程」は英語で 'course'（コース）であり同様の語源とされる。この語源に関連して、競馬場を想起してみよう。競走馬は競馬場で、自由には走り回れない。あらかじめ決められたゴール（目標）に向かうため、事前に用意された走るべき道＝「競走路」を通る。このようにみてくると、「カリキュラム」の語にはもともと、「競走路のコース」そして「人生の来歴」といった両方の意味が含まれていたことがわかる。

　やがて、教育用語として「カリキュラム」の語が使用されはじめる。16世紀後半、カルヴァン派の影響を受けたライデン大学（蘭）やグラスゴー大学（スコットランド）での記録が知られ、「当時のカルヴィニズムのもっていた「規律」と「秩序」をカリキュラムという語に反映させようとした」とされる。

　このような歴史的流れで誕生した「カリキュラム」は、先にふれたように「戦後」、「教育課程」と翻訳され、今野喜清によれば「教育目標に即して児童

生徒の学習活動を指導するために、学校が文化遺産の中から選択して計画的・組織的に編成して課する教育内容の全体計画を意味する」と定義づけられてきた。だが、今野をはじめ多くのカリキュラム研究者がこれまで指摘してきたように、近年では上記の定義づけにとどまらない。

2　拡張する「教育課程」の概念

　授業中グッスリ眠ってしまう児童や生徒に教育内容は存在するのか。あらかじめ定められた「計画的・組織的」な「教育内容の全体計画」からすれば、授業の教育内容にかかわる教育課程は、「学習指導要領」のような国家的レベル、時間割を定めた学校レベルに限っては、少なくとも明らかにされている。だが、教室での教員の授業方法や態度、また実際に授業を「経験」し子どもが学んだこと（あるいは学んでいないことも含めて）、はたしてカリキュラムや教育課程の概念と無縁であろうか。「メチャつまらない」授業に耐え続ける子どもは「何を学んだか」。授業を通じた子どもの「経験」が本来、教育課程の概念に関係しないとはいえまい。

　かつての「教育課程」概念は、前項でみた元来の「教育課程」の定義づけから理解されるように、国民国家や学校として、計画的に、いつ、何を「教える」のかを中心としていた。「狭義の教育課程」概念として捉えられる。けれども、実際の学校現場で、教員の授業実践は机上の計画の遂行それ自体ではないし、のみならず、授業（学校）を通じた子どもの学習経験を考慮しなければ、教育課程の概念を精確には説明できないはずである。カリキュラムや教育課程の定義づけは以前より精査され、特に、学校で計画された範疇での、「何を教えるか」以外に、子どもが実際に「何を学んだか」を含めて「教育課程」が捉え直されている。子どもが「何を学んだか」という「評価」行為の視点が求められてくるのである。ただいずれにせよ、「教育課程」よりも「カリキュラム」の方が指し示す意味は広い。そもそも英米では、「カリキュラム」とは子どもの学習経験の総体を意味することが通例である。授業や学習等の「計画」から「実践（実行）」そして「評価」のいずれをも含む概念として用いられるのが一般的である。ゼロ年代初めすでに安彦忠彦は「教育課程ということばは基本的に計画レベルのものを意味しているが、最近は実施レベル、結果レベルまで考慮に入れる方向が、「評価」の面から重視され始めた」と明察している。これらを踏まえ、いわば今日的な「教育課程」の定義を田中耕治の一文に求めてみ

よう。「「教育課程」を「子どもたちの成長と発達に必要な文化を組織した、全体的な計画とそれに基づく実践と評価を統合した営み」と広義に定義しておきたい」。

このようにみてくると「教育課程」の概念は、近年、「狭義の教育課程」から、より広い意味で子どもの学習経験の総体を含み込み、概念が拡張している。そのため、「狭義の教育課程」と区別するために、こうした、いわば「広義の教育課程」を「カリキュラム」と呼ぶことも少なくない。教育課程やカリキュラムの原理にアプローチする際、カリキュラム研究に対する立場の相違に拘わらず、「教育課程」の狭義と広義の概念を共に留意しておくことが肝要であろう。

2 カリキュラムの構成原理と類型

1 系統主義と経験主義

カリキュラム（教育課程）の構成原理に関連する捉えかたは多様であるが、過去の「教育課程」の性格をめぐる象徴的な一例として、カリキュラムの構造的、思想的基盤から、系統主義と経験主義という対照的な2つの考えかたがある。系統主義は、科学（学問）に基づいた客観的知識の系統を重視し、教員が過去の文化遺産を計画的に子ども（学習者）に「教える」こと（教授）を重視した原理である。抽象から具体へと順序立てて知識を教授する学習を系統学習と呼ぶ。これに対し（ここでのいわゆる）「経験主義」は、子どもの生活経験を活かし、子どもが自らの興味・関心に基づいて主体的、能動的に「学ぶ」こと（学習）を重視した原理である。具体的な経験から抽象的な概念へと、学習過程において問題解決的な、総じて子どもの自発的活動を尊重した学習を経験学習と呼ぶ。日本におけるこの際の「経験主義」は、思想的基盤として、主にアメリカ合衆国を代表する哲学者・教育学者 J. デューイ（Dewey, John 1859-1952）の経験主義教育論に影響を受け、およそ大正期に嚆矢をみながらも、特に「戦後」の「教育改革」期に隆盛をみた。また、「生活科」や「総合的な学習の時間」の思想的根拠にも連なる。「為すことによって学ぶ」、反省的思考等を重視するが、日常的体験の極端な重視に陥るあまり「"這い回る"経験主義」といった批判を浴びる時期もみられた。

2　カリキュラムの類型——さまざまなカリキュラム——

　カリキュラムが大別される際、論者による相違はありながらも、両極に「教科」と「経験」を置く点は概ね共通する。カリキュラムの構成原理による類型化について、「その代表例は、ホプキンズ Hopkins, L. T. によるもの」とする安彦の根拠に基本的に従い、古典的な6種のカリキュラムモデルを示してみる。

　(1)「教科カリキュラム」は、過去の文化遺産の伝達をメインとし、次世代に系統的に伝達する役割を中心とした伝統的な型である。教科がそれぞれに独立し並列的に配置される。(例：地理 歴史 公民) (2)「相関カリキュラム」は、独立して並列した教科はそのままだが、同質的教科間を関連づける相関や、異質的教科（近縁の教科）を相関づける型である。ただし、教科全体に関しての相関にまでは至らない。(例：地理⇔歴史⇔公民、国語⇔歴史) (3)「融合カリキュラム」は、異なる教科間で共通要素に基づき統合し、新しい教科（や領域）を再組織する。アメリカの 'social studies' をモデルとして1947年に誕生した「社会（科）」は、「戦後」教育史において折に触れこの類型に関連してきた。(現代的な概括的例示：地理 歴史 公民 ⇒「社会」) (4)「広（領）域カリキュラム」は、融合カリキュラムの論理を各分野に拡大（類似の教科群で融合）することでさらに広く再組織し、教科を廃止しいくつかの文化領域から構成されるカリキュラムとなる。(例：〖人文科学〗〖社会科学〗〖自然科学〗領域) (5)「コア・カリキュラム」は、カリキュラム全体のなかにコア（中核）となる教科や領域を設定し、その周辺に各教科を配列して全体を有機的に統合する。生活活動中心の観点からクインシー（Quincy）運動（米）を主導した F. パーカー（Parker, Francis Wayland 1837-1902）はコアに「郷土地理」を据えた。このカリキュラム改造の流れは他に、カリキュラム編成に2つの軸（内容選択の範囲を示す（スコープ）軸と内容配列を示す（シークエンス〔シーケンス〕）軸）を設け、その交差点にコアの問題単元を置き、問題解決学習が期待されたヴァージニア・プラン（Virginia Plan）等がある。(6)「経験カリキュラム」は、基本的に教科の存在を認めない、1つの理念型である。(1)から(4)を広く「教科中心」、(5)と(6)を広く「経験中心」のカリキュラムとも概括できよう。ちなみに、カリキュラムの性格や類型をめぐって、学校教育史上しばしば問われた「教科（知識）か経験か」の二項対立的認識（図式）に従う即答も一見判りやすいかもしれない。だがそれは、そもそも、人間の経験と知識をめぐる本質的な難問のはずである。「教育」をめぐる根本的な問題として、いま一度、双方の概念を止揚した哲学的な探究が必要

とされてこよう。

3 「ヒドゥン・カリキュラム」

「学習指導要領」や時間割等、国家や学校により分類、構造化され配列されたカリキュラム（教育課程）は公的に明示されており、その意味ではこれを「顕在的（manifest）カリキュラム」と呼ぶ。だが、実際に子どもが「何を学んだか」という先の視点を忘れないならば、子どもは「顕在的カリキュラム」としての「教育課程」のみならず、対比的に「ヒドゥン・カリキュラム〔隠れたカリキュラム〕（hidden curriculum）／「潜在的カリキュラム」」をも学習している。'hidden curriculum' の語を最初に提示したシカゴ大学の P. W. ジャクソン（Jackson, Philip W. 1928-2015）は、教員が明言したり意図せずとも、暗黙のうちに無意図的に、教室での態度や知恵が習得されていることを明らかにした。かれによれば、「群れ〔集団〕（crowds）、賞賛（praise）、そして権力（power）」が結びついて「ヒドゥン・カリキュラム」は形成され、「生徒（そして教員）も、学校で申し分なく進んでいきたい〔通り抜けたい〕のならば」、（ヒドゥン・カリキュラムを）「習得しなければならない」のである。先に例示した「「メチャつまらない」授業に耐え続ける子ども」は、何も学んでいないどころか、ジャクソンによる標題『教室での生活』（*Life in Classrooms*）によって見事に「忍耐」を「学んで」いるのである。

おわりに

以上のようにみてくると、教育課程への着目は、用語の成立、概念や類型、「ヒドゥン・カリキュラム」と、いずれのテーマも、人間による「教育」という営み自体を探究することにかかわる、旧くて新しい問いかけでもあろう。教科をどのように設定するか、そもそもなぜ教科が存在するのか、子どもにとって「学校」とは何か、何を以て「学ぶ」と呼べるのだろうか、等々枚挙に暇がない。そしてその際、考察してきた教育課程をめぐる内容に留まらず、たとえば、何かを成し遂げる際の盛り上がり、ナンセンス、ユーモア、けっして「アクティヴ」とされない穏やかさ、もの静かさ、のような、ときに学校教育から排除されてしまう、実に多様に「生きる」人間のすがたを忘れてはならないだろう。

[演習問題]
1．「教育課程」の概念をめぐる変化について考えてみよう。
2．カリキュラムの類型についてまとめてみよう。
3．「ヒドゥン・カリキュラム」の意味と意義を説明してみよう。

注

1) 今野喜清『教育課程論』第一法規出版、1981年、p. 47。
2) より厳密には、1951年以前すでに法規上、用語は使用されている。
3) 水谷智洋編『羅和辞典〈改訂版〉』研究社、2017年、p. 171。
4) 今井重孝「カリキュラム」教育思想史学会編『教育思想事典［増補改訂版］』勁草書房、2017年、p. 101。
5) ハミルトン，デイヴィッド（安川哲夫訳）『学校教育の理論に向けて——クラス・カリキュラム・一斉教授の思想と歴史——』世織書房、1998年、pp. 13-14、52-53。
6) 安彦忠彦『教育課程編成論——学校で何を学ぶか——』放送大学教育振興会、2002年、p. 12。
7) 今野喜清「カリキュラム」細谷俊夫・奥田真丈・河野重男・今野喜清編集代表『新教育学大事典』第2巻、第一法規出版、1990年、p. 40。
8) 安彦、前掲書、p. 11。ちなみに、「カリキュラムの多層性」として田中統治は、「意図されたカリキュラム」＝「Ⅰ．制度化されたカリキュラム」「Ⅱ．計画されたカリキュラム」「Ⅲ．実践されたカリキュラム」、「意図されなかったカリキュラム」＝「Ⅳ．経験されたカリキュラム」と区分する（田中統治「教育研究とカリキュラム研究——教育意図と学習経験の乖離を中心に——」山口満編著『現代カリキュラム研究——学校におけるカリキュラム開発の課題と方法——』〔第2版〕学文社、2005年、p. 23）。これに沿うならば、Ⅰ．は「学習指導要領」、Ⅱ．は学校の年間計画や時間割、Ⅲ．は教員の授業計画や教育方法、Ⅳ．は学習者の実際の経験と、区分ごとの構成要素が整理されよう。
9) 田中耕治「今なぜ「教育課程」なのか」田中耕治・水原克敏・三石初雄・西岡加名恵『新しい時代の教育課程』〔第4版〕有斐閣、2018年、p. 13。
10) 安彦忠彦「カリキュラムの類型」細谷・奥田・河野・今野編、前掲書、pp. 55-56。
11) Jackson, Philip W., *Life in Classrooms*, New York and London: Teachers College Press, 1990, pp. 33-34.（初版 New York: Holt, Rinehart and Winston, 1968.）

参考文献

安彦忠彦『カリキュラム開発で進める学校改革』明治図書、2003年。
今野喜清編著『学校知を組みかえる——新しい"学び"のための授業をめざして——』学

文社、2002年。
丸橋唯郎・佐藤隆之編著『学生と語る教育学』学文社、2002年。

第2章 教育課程に関する法規

はじめに

　日本国憲法第26条で保障された国民の教育を受ける権利は、教育基本法、学校教育法といった各種の法律によってその内容が具体化されている。同様に、日本の学校教育における教育課程も、学校教育法の委任を受け、文部科学省が定める学校教育法施行規則において具体化され、別に告示される各学校種別の学習指導要領及び教育要領（以下、学習指導要領等という）と併せ、法令によって規定されるものである。教育課程に関するこれらの法令は、上位法は下位法の規範となり、下位法は上位法を具体化するというハンス・ケルゼン（Hans Kelsen）の理論に基づく法の段階構造として説明することができる（次節の図参照）。こうした枠組みを踏まえれば、法の段階構造の最上位に位置する日本国憲法において教育に関して規定しているのは第26条のみであるものの、その内容は教育基本法、学校教育法をはじめとする各種の法律で具体化され、それを各種の政令及び省令が段階的に具体化していることが理解できるであろう。

　教育課程とは、学校教育における教育内容の基礎及び基準であり、それらは学校教育法において、文部科学大臣が定めることとされている。また、文部科学省が省令として定める学校教育法施行規則では、各学校別に設けられる教科・科目と教科外の活動の内容が規定されており、ここからさらに、その内容は「教育課程の基準として文部科学大臣が別に公示する」として学習指導要領に委任される内容もある。したがって、法令レベルでのより詳細な教育課程はこの学習指導要領によって告示される[1]。もとより、教育課程を、日本のように国レベルで定めるのか州や県などなど地方レベルに委ねるのかは、本書の後の章で述べるように、国によって様相が異なる。日本の場合、文部科学省が国レベルで教育課程を規定しているだけではなく、学校教育法において、小学校から高等学校までの学校（及びそれに相当する学校）（以下、略して小学校から高等学校ま

での学校という）では文部科学省の検定に合格した教科書の使用義務が併せて課されており、国レベルでの教育課程の実施の徹底が図られている点が特徴といえる[2]。本章では、こうした教育課程の意義、そしてその課題とはいかなるものかについて概観する。

1　教育課程を規定する法体系

　日本の学校教育における教育課程の法的位置づけを、先に述べた法の段階構造に当てはめて示すとおおよそ図2-1のようになる。
　この分類では、上位法は下位法に対して規範力を持ち、逆に、下位法は上位法を具体化する。つまり、日本国憲法第26条に規定された教育を受ける権利は、まず国会が制定する教育基本法、学校教育法といった法律レベルで具体化され、その内容は、さらに内閣が制定する政令、文部科学省等の大臣が制定する省令といった形で詳細な内容が規定される。一方、先に述べたように、教育課程は、文部科学省の省令として定められる学校教育法施行規則及び公示される学習指導要領等によってその内容が示される。加えて、学校教育法では小学校から高等学校において教科書検定に合格した教科書の使用義務を課しており、教育課程の決定に際して教師や保護者の代表といった他の民主的な意思を反映させる余地はないのか、また、教育課程の政治的中立性をいかに確保すべきかが問題となる。前者については、教育内容の決定に親や教師がいかに関与しうるのかという問題として、後者については、教科書検定の不合格処分の合憲性をめぐる問題として過去に裁判で争われ、それらの裁判では、子どもに教育をひとし

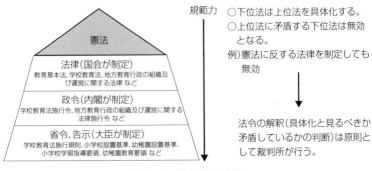

図2-1　法の段階構造

く受ける機会を保障する目的の下、教育課程を文部省（当時）が画一的かつ一定の水準を確保するために策定する必要性が主張された。もっとも、仮に教育の目的を達するために教育課程については国が決定しうるものだとしても、そこでの政治的中立性をいかに確保するのかという問題が克服されたわけではない。この点、教育課程の策定に教師や保護者がいかに能動的にかかわりうるのかという問題が、戦後の日本では教育裁判として長らく争われてきた。

2 教育課程と教師や教科書執筆者の裁量をめぐる問題

　教育に関する日本の法体系においては、教育課程は、学校教育法施行規則及び学習指導要領等として、文部科学省が策定することとなっている。このように全国的に一定の教育水準を確保する目的の下、国レベルで教育課程が策定されること自体についてはフランスでも同様である。しかし、日本のように小学校から高等学校において文部科学省が行う教科書検定に合格した教科書を使用する義務が課されている点については様相が異なり、国レベルで統一した教育課程実施の徹底を図る制度の下で、その政治的中立性をいかに確保するかは別に検討を要する課題といえよう。教育課程の決定の手続きを含む教育行政の政治的中立性をめぐり、戦後の日本では、教師の裁量（教育の自由）がどこまで認められるかという形でその論点が争われてきた。

判例A　旭川学力テスト事件（最高裁判所大法廷1976年5月21日判決）
　1956年から1965年にかけて、文部省（当時）は全国の中学2・3年生を対象に全国中学校一斉学力テストを実施し、これに反対する教師が学力テストの実施を阻止しようと試み、公務執行妨害罪などで起訴される事件が起こった。いわゆる旭川学力テスト事件である。この事件の背景には、1947年より施行された日本国憲法と教育基本法の理念に対し、政府が教育行政に対する統制を強める中で、1958年には学習指導要領が文部大臣の告示として官報に掲載されることとなり[3]、教師らはそうした政府による教育の統制を国家による教育の「不当な支配」として位置づけたという当時の時代背景がある[4]。この事件の判決で、最高裁判所は、教育行政機関が全面的に教育内容の決定権限を持つのか（国家教育権説）、教師を中心とする国民が有するのか（国民の教育権説）という論点については、その「いずれをも全面的に採用することはできない」との判断を示

している。すなわち、教育課程は国が中心となって策定するという枠組みを前提としつつも、「教授の具体的内容及び方法」等については教師の裁量（教育の自由）が認められるとの判断を併せて示したのである。この判決では「教育に対する行政権力の不当、不要の介入は排除されるべき」旨の見解も示されており、教育の政治的中立性を確保するため、また、国民の教育を受ける権利を保障する観点からも、そうした決定には自ずと制約が課されるものとの判断が示されていることがわかる。

判例B　家永教科書訴訟第1次訴訟（最高裁判所第3小法廷1993年3月16日判決）

　前述のように、学校教育法では、教育課程は文部科学大臣が決定することとし、併せて、小学校から高等学校においては文部科学省の教科書検定に合格した教科書を使用して教育を行う義務が規定されている。この教科書検定もまた文部科学大臣が定める教科用図書検定基準に基づいて実施されるものであることから、当然に、教育課程に準拠して実施されるわけであるが、過去には、執筆した日本史の教科書が文部省の実施する教科書検定で不合格とされた原告が、教科書検定制度の合憲性を争い裁判を提起したことがある。この裁判は原告の名前を取って家永教科書訴訟と呼ばれる。日本国憲法第21条第2項では国が主体となって検閲を行うことを禁じており、教科書検定制度がこの検閲に当たるかどうかが論点となった。最高裁判所は、教科書検定制度の目的として、正しくまた偏りのない教育を提供するために教科書検定制度は必要であり、教育を受ける機会均等の要請等を根拠とし、この制度は検閲に該当せず合憲とする旨の判断を下している。[5] 上記のような戦後の教育裁判の軌跡を辿ると、教育課程の位置づけをおおよそ次のように確認することができる。第1に、日本においては、学校教育法において教育課程を文部科学大臣が定めることとされており、その内容は、学校教育法施行規則をはじめとする省令や学習指導要領等として施行・告示されている。これは、上記の判例の趣旨からも明らかなように、日本国憲法及び教育基本法で保障された子どもの教育を受ける権利を全国的に一定水準の下でひとしく保障するという教育の機会均等の趣旨に沿うものとして説明される。他方、第2には、そうした国レベルでの教育課程の策定に関しては、教科書使用義務を伴う現在の日本の制度の下で、教育課程を介した政治による統制を招くとの懸念もあり、戦後の日本ではこの点が教育裁判の争点とされてきた。長らく続いた裁判の結果、教育課程を国レベルで定める制度を前提

としつつも、教育は教師や保護者がそれぞれに一定の役割を担い実施されるものであることも確認され、その意味において、教師には一定の裁量（教育の自由）が認められることになるのである。

3　学習指導要領の法的拘束性をめぐる問題

　学校教育法が規定する各学校の教育課程のうち、教科・科目等については文部科学省令である学校教育法施行規則がその内容を規定しているが、その一部は学習指導要領等として文部科学大臣が告示する。ここでいう告示とは、官庁が広く一般に通知する形式の1つであり、この告示という形式をとる学習指導要領に法的拘束力があるのか、言い換えれば、学校の教師はこの学習指導要領に基づいて教育を行う義務があるのか（仮に違反した場合には処分されるのか）が問題となる。この点について、かつて、下級審の判決では学習指導要領の法的拘束性を認める判決と、それは単なる指導助言文書であり法的拘束性を否定する判決が存在したものの、先述した旭川学力テスト事件判決において、最高裁判所は学習指導要領に法的拘束性を認める旨の判断を示している。では、教育課程の一部である学習指導要領に反する教育を行った場合、教師は懲戒処分を受けることになるのか。この点についても過去に裁判で争われたことがある。

判例C　伝習館高校事件（最高裁判所第1小法廷1990年1月18日判決）
　公立高校の教諭3名が授業で教科書を使用せず、学習指導要領を逸脱した偏向教育を行ったとして懲戒免職処分が下された際、その処分の有効性をめぐって、学習指導要領の法的拘束性と教師の教育の自由がどこまで認められるのかが論点として争われた。最高裁判所は、教科書使用義務違反の行為が継続して行われ、授業が学習指導要領所定の各科目の目標及び内容から著しく逸脱するものであった点を考慮し、教師への懲戒免職処分が裁量権を逸脱したものとはいえないとして、処分の有効性を認める判断を下している。

おわりに

　日本国憲法第26条で保障された教育を受ける権利は、教育基本法、学校教育法をはじめとする法律の他、政令、省令といった各種の法令によって段階的に

その理念が具体化されている。特に、日本の場合、小学校から高等学校では学校教育法で教科書検定を経た教科書の使用義務が課されており、各学校における教育課程の柔軟性や教師の裁量が認められているというよりは、どの地域に住み、どの学校に通学しようとも可能な限り同等の教育を受けることができるという教育の機会均等の要請に応える制度であるといえる。しかしながら、近年、子どもの宗教的背景によって、学校が定める科目の履修内容を受け入れることができず、学生が求めた代替措置を認めるべきか否かが裁判で争われるといったケースも顕在化した。このケースにおいて、最高裁判所は、当該学生の宗教的な事情を考慮し、個別のケースによっては、学生が求める代替措置を学校側は認めるべき旨の判断を示している点も見過ごすことはできない。子どもの宗教的、文化的、あるいは経済的背景が多様化する中で、今後、子どもの個別のケースに応じた、より柔軟な教育課程の運用が求められることもありえよう。子どもがそれぞれの発達段階に応じてひとしく教育を受ける理念を掲げた日本国憲法、教育基本法の理念の実現を見据えた教育課程の解釈と運用が、教師及び教育行政には求められている。

演習問題

1. 現在の日本のように教育課程を国で一律に定めるべきか、都道府県などの地域がそれぞれに定めるべきかについて、それぞれの長所と短所をまとめてみよう。
2. 教科書検定制度の目的と課題について考えてみよう。
3. インターネットや法令集を使って、学校教育法施行規則では、幼稚園や小学校、中学校の教育課程がどのように定められているのか実際に調べてみよう。

注

1) 学校教育法において教育課程に関する定めがある学校としては、幼稚園、小学校、中学校、義務教育学校、高等学校、中等教育学校及び特別支援学校があり、それらの学校の教育課程は文部科学大臣が定めることとされている。その内容は、学校教育法施行規則の他、幼稚園以外の学校についてはそれぞれの学習指導要領として、また幼稚園については幼稚園教育要領として文部科学大臣が告示する。
2) 文部科学省のホームページでは、学習指導要領について「全国のどの地域で教育を受けても、一定の水準の教育を受けられるようにするため、文部科学省では、学校教育法等に基づき、各学校で教育課程（カリキュラム）を編成する際の基準」である説明されている（http://www.mext.go.jp/a_menu/shotou/new-cs/idea/1304372.htm、

2018年3月28日最終確認)。
3) この動向としては、1954年にいわゆる教育二法(教育公務員特例法の一部を改正する法律、義務教育諸学校における教育の政治的中立の確保に関する臨時措置法)が成立し教師の政治活動が禁止されるとともに、1956年以降は教科書検定制度が強化され、教育の政府統制が強まる情勢にあった(こうした経緯は、永井憲一『教育法学の原理と体系 教育人権保障の法制研究』日本評論社、2000年、pp. 199-249等参照)。
4) 学力テストの目的について、文部省は「教育課程に関する諸施策の樹立および学習指導の改善に役立たせる資料とする」こと、「全国的な水準と比較において見ることにより、生徒の学習の指導とその向上に役立たせる資料とすること」としている(本件最高裁判決の判決文参照)。
5) この訴訟は第1次訴訟から第3次訴訟まであり、その経緯及び訴訟の類型等については、永井・前掲注3)『教育法学の原理と体系 教育人権保障の法制研究』pp. 205-211を参照されたい。
6) なお、学校教育法施行規則においては、地域の実態等に照らし、より効果的な教育を実施するために当該学校又は地域の特色を生かした教育を実施する特例も認められるが、それらは所定の要件の下で文部科学大臣が認めた場合に限られる。
7) この事件(神戸市高専剣道実技拒否事件:最高裁判所第2小法廷1996年3月8日判決)では、国公立学校に要請される政教分離の原則(日本国憲法第20条第3項)と学生の信教の自由(同第1項)の調整をいかに図るべきかが争われた。

参考文献

姉崎洋一他編著『ガイドブック教育法 新訂版』三省堂、2015年。
荒牧重人他編著『新基本法コンメンタール 教育関係法』日本評論社、2015年。
伊藤良高他編著『教育と法のフロンティア』晃洋書房、2015年。
浪本勝年編著『教育の法と制度』学文社、2014年。
文部科学省ホームページ「学制百二十年史」(http://www.mext.go.jp/b_menu/hakusho/html/others/detail/1318221.htm、2018年6月15日最終確認)。

第3章 教育課程の歴史

1 教育課程の歴史（戦前）

　社会のなかの様々な知識を、「学校知」として選び出し、系統立てて再構成したものを教育課程だとすれば、それは学校教育とともに明治期に誕生した。学校知の内容や配列は、当時から「教科課程」（小学校）や「学科課程」（中等学校など）と呼ばれていた。教師は何をどのように教え、子どもは学んだのだろうか。

　本節では、多くの児童にとってかかわりがあった戦前の初等教育（尋常小学校や国民学校初等科）の教育課程を中心に、その歴史的変遷を見ていこう。

1　明治期の学校教育の成立と教育課程

　1868年に誕生した明治新政府は近代国家の確立に向けて、富国強兵や殖産興業を打ち出し、その人材の育成を学校教育に求めた。

　1872年、政府は日本初の近代教育法令である学制を頒布した。その理念は太政官布告第214号「被仰出書」（学制布告書）に明らかにされている通りである。

　まず「学問は身を立るの財本」（学問は人々の立身出世の手段や元手である）と述べられているように、立身出世を目指そうとする個人主義的な人間像や能力主義を理想とした学問観が示されている。

　また、「必ず邑に不学の戸なく家に不学の人なからしめん事を期す」（各地域に学問なき家がなく、それぞれの家に学問のない人が皆無になることを期待する）とあるように、すべての子どもの就学を奨励する国民皆学がうたわれている。

　すなわち、それ以前（江戸時代）の身分制や地域を超えて、国民共通の教育や学習の場として、新たに学校教育が求められるようになったのである。

　学校教育制度は既に中央集権体制をとっていたフランスの学区制度を、教育内容はアメリカにそれぞれ範を求めた。学制下で、6歳から10歳の子どもが学

ぶ場とされた下等小学では、綴字、習字、単語、会話、読本、修身、書読、文法、算術、養生法、地学大意、理学大意、体操、唱歌の14教科が教育内容として定められた。これらの教科の教科書のなかには、当時のアメリカで使用された教科書の内容がそのまま翻訳、掲載されることもあった。そのため、学校教育の内容は当時の多くの日本人の生活実態からは大きくかけ離れていたのだった。

その後、内閣制度の発足とともに誕生した初代文部大臣の森有礼（もりありのり）は、1886年の小学校令で、4年制の尋常小学校、それが困難な貧困地域などにおいては3年制の小学簡易科への就学を義務とした。尋常小学校の教育課程は、同年の省令「小学校令ノ学科及其程度」によれば、修身を筆頭科目（最重要科目）に、読書・作文・習字・算術・体操の6教科が基本内容として定められた。

その一方、知育重視と徳育軽視の学校教育に対する反省から、国民道徳の統一的原理の確立が急がれ、1890年10月30日、明治天皇は教育ニ関スル勅語（ちょくご）（教育勅語）を下付した。

教育勅語の特徴は、歴史的存在であり、政治支配の要とされた天皇制に基づいて、儒教主義の思想を基礎にした教育理念を構想したことにあった。戦前の日本は、1889年の大日本帝国憲法による政治的統一原理と、教育勅語による道徳的教育的原理を柱とする天皇制国家として確立されていった。

学校教育では、天皇制国家主義の立場から忠孝一致（天皇に対する忠誠と親孝行は一致する）や忠君愛国（天皇への忠誠は国を愛することに通じる）を主要な徳目として確立、鼓舞する方向が示された。

これを受けて、1890年の小学校令（第二次）においては教科を、翌91年の小学校祝日大祭日儀式規程では、儀式のあり方をはじめて規定し、これ以降の教育課程は「教科」と「儀式」の2領域から構成された。

先の6教科のうち体操のみが随意（ずいい）科目（自由選択科目）に格下げされ、基本教科は、修身、読書、作文、習字、算術の5教科になった。儀式では、教育勅語体制に向けて、祝日や大祭日といった特別な日における御真影（ごしんえい）（天皇や皇后の肖像写真・肖像画）への最敬礼万歳、教育勅語の奉読、教育勅語や歴代天皇などについての講話、唱歌合唱の4点を定めた。

1900年には、小学校令が改正され（第三次）、尋常小学校が4年制に統一、義務教育期間とされた。基本的な内容は、従来の読書・作文・習字が「国語」にまとめられ、修身、国語、算術、体操の4教科で構成された。儀式では、小学

校令施行規則によって、三大節における君が代斉唱、御真影への最敬礼、教育勅語の奉読、教育勅語や歴代天皇などについての講話、唱歌合唱の5点が定められた。

また、1903年には、小学校の教科書が文部省の著作に限ることが定められた国定教科書制度が発足した。国定教科書では、筆頭科目の修身などを通じて、天皇中心の国家主義的な道徳にくわえて、教科書の字体や音仮名遣い、漢字表記などが統一された。つまり、国定教科書は全国の学校や教師、児童に対して、道徳と言語（日本語）の両面から、国民統合の基本原理を伝えるメディアになった。

さらに1907年には尋常小学校が6年制になったことをうけて、基本教科は修身、国語、算術、日本歴史、地理、理科、図画、唱歌、体操、裁縫の10教科に増えた。しかし、このうち、裁縫は女子のみを対象とするなど、それまでの教育課程には見られなかった、性別（ジェンダー）による教育内容の差別化が進んだ。

2 　大正期の新教育運動と新学校の教育課程

1907年に定められた尋常小学校の教育課程は、その後1941年まで大きな変更はなかった。

しかし、その一方で、明治後期に、学校教育が広く普及していくとともに、その画一的な教育のあり方に批判が現れはじめた。当時の言葉でいう「教育改造」、すなわち大正新教育運動の萌芽が見られるようになるのである。

大正新教育運動とは、それまでの明治期の国民教育のような、教師などの権威による一方的な知識や道徳の教え込みや訓練を廃し、子どもの個性、自発性、興味・関心・意欲など、子どもを教育や学びの中心に据えた児童中心主義（子ども中心主義）の教育であった。

大正新教育運動の1つの大きな特徴は、新教育の理念や思想を、都市部の私立小学校または師範学校附属小学校をはじめとする新学校（新教育の実践校）において試みられたことであった。

代表的な新学校の1つに、澤柳政太郎が1917年に創立した私立の成城（せいじょう）小学校（現在の成城学園初等学校）が挙げられる。「個性尊重」「自然と親しむ教育」「心情の教育」などを教育理念として掲げた成城小学校では、当時の公立の尋常小学校が1学級50名から70名の児童を収容していたところ、1学級30名以下の児童を対象に少人数教育を行った。教育方法は、アメリカのパーカースト

(Helen Parkhurst 1887-1973) が開発したドルトン・プランによる「自学自習」を導入するなど、児童の興味や関心を重視した。

　教育内容については、1919年の尋常小学校（公立）と1922年の成城小学校（私立）の教育課程（教科目学年別授業時数）を示すと、**表3-1**のようになる。両者を比べると、成城小学校の教育課程の教科目名、学年別の配当、授業時限数に、尋常小学校とは異なる様々な特徴を見出すことができるだろう。

　成城小学校などの私立小学校以外にも、師範学校附属小学校（現在の国立大学附属小学校の前身）でも、多様で独自の新教育が実践された。兵庫県明石女子師範学校附属小学校（現在の神戸大学附属小学校）では、及川平治が開発した分団式動的教育が導入され、子どもの能力に応じてグループに分けて、活動を通じた学習が実施された。このほかにも、千葉師範学校附属小学校（現在の千葉大学教育学部附属小学校）では手塚岸衛の自由教育、奈良女子高等師範学校附属小学校（現在の奈良女子大学附属小学校）では木下竹次が各教科の枠を超えて総合的に学習する合科学習、東京女子高等師範学校附属小学校（現在のお茶の水女子大学附属小学校）では北澤種一によって労働と作業を通じて人間形成をはかる労作教育がそれぞれ提唱・実践され、当時の教育界では大きな注目を集めた。いずれも教科の枠にとらわれることなく、教科書の知識を一方的に子どもに注入しようとする主知主義または受動的な学習ではなく、子どもの主体性や自発性をもとに、体験や経験を重視するなど、当時にしては斬新な実践を展開した。

　しかし、子どもの自由や個性を認める教育とはいっても、それは教育勅語体制や臣民教育の枠内に限られ、明治以来の国家主義または天皇制国家体制を乗り越えるものではなかった。また、新教育の実践は全国の一般の公立小学校には広くは普及せず、一部の師範学校附属小学校や私立（小）学校などに限られた。

3　昭和戦時期の国民学校の教育課程

　日本は1931年の満州事変以降、1945年の敗戦に至るまでの約15年間、ひたすら軍国主義の道を突き進んでいった。なかでも1937年の日中戦争から敗戦までの時期は一般に総力戦体制期と呼ばれ、国民は天皇のもとの国民を意味する皇国民として、国家の統制や管理を受けた。

　日本が総力戦体制に入るとともに、教育体制も精神の総動員という理念に沿って再編され、学校はその人材育成に純化していった。

表3-1 尋常小学校（公立・1919年・上表）と成城小学校（私立・1922年・下表）の教科目学年別週授業時数

公立小学校	1学年	2学年	3学年	4学年	5学年	6学年
修身	2	2	2	2	2	2
国語	10	12	12	12	9	9
算術	5	5	6	6	4	4
日本歴史					2	2
地理					2	2
理科				2	2	2
図画	(1)	(1)	1	1	男2女1	男2女1
唱歌	4	4	1	1	2	2
体操			3	3	3	3
裁縫				女2	女3	女3
手工	(1)	(1)	(1)	(2)	(2)	(2)
計	21	23	25	男27女29	男28女30	男28女30

成城小学校	1学年	2学年	3学年	4学年	5学年	6学年
修身				1	1	1
読方		5	5	5	4	4
聴方		2	2			
読書	12	2	2	2	2	1
綴方		2	2	2	2	2
書方			1	1	1	1
美術	3	3	3	3	3	3
音楽	2	2	2	2	2	2
体操	3	3	2	2	2	2
数学		5	5	5	5	5
理科	2	2	2	2	2	2
地理				2	1	1
歴史					2	2
英語	2	2	2	2	2	3
特別研究				2	2	2
計	24	28	28	31	31	31

注）1時限の長さは低学年は約30分、中学年は35分、高学年は40分位。また（数字）は随意科目の時限数を指す。
出所）浜田陽太郎他編著『近代日本教育の記録 下巻』日本放送出版協会、1978年、p.17。

1937年12月に近衛文麿内閣の直属で設置された教育審議会において、教育の目的は教育勅語の「皇運扶翼の道」（天皇や皇室の運勢を繁栄させる）や「皇国ノ道」に基づいて、国民の心技体すべてを磨き鍛える錬成または修練にあるとされた。すなわち、「八紘一宇ノ肇国精神ヲ顕現スベキ次代ノ大国民」や「東亜並ニ世界ニ於ケル皇国ノ使命ヲ負荷スルニ足ル大国民」の育成が求められ、戦時総力戦体制に対応した国民形成が教育目標とされた。

　学校教育は、子どもたちを「皇国ノ道ニ帰一セシメル（統合させる）」教育、あるいは「皇国ノ道ヲ修メシメ」る教育を目指すことになった。つまり、天皇中心の国家道徳を教育することで、子どもたちを国民として積極的に戦時国家体制に統合しようとしたのである。

　そして、それまでの小学校は「国民学校」へと改称され、初等科6年制および高等科2年制の計8年制の義務教育機関となった。

　国民学校の目的は、国民学校令（1941年）第1条「国民学校ハ皇国ノ道ニ則リテ初等普通教育ヲ施シ国民ノ基礎的錬成ヲ為スヲ以テ目的トス」（傍点は筆者による）と規定された。「皇国ノ道」とは天皇の国の道徳であり、「錬成」とは児童のすべての能力を国家の目標に集中させて、国民的性格を鍛え上げることを意味した。そのなかでも、国民学校は、年齢が未熟な国民を意味する少国民の知識・技能、情操、身体を集中的に鍛え上げる基礎的な錬成機関であった。

　国民学校の教育目標にあわせて、教育課程についても、国民学校令と国民学校令施行規則によって大幅な変更が加えられた。

　国民学校初等科では、少国民に必要な5つの資質に基づいて、13科目が国民科（修身、国語、国史、地理）、理数科（算数と理科）、体練科（体操と武道）、芸能科（音楽、習字、図画、工作、裁縫）の4つの教科に統合再編され、合科教育が行われた。なかでも国民科は国民学校の筆頭科目として、天皇崇拝や国体護持、そして侵略戦争の遂行に向けて、国のため、天皇のために命を惜しまないことが当然であるとして、これが繰り返し説かれた。また、裁縫は女子のみの必修、他方、初等科5年生以上の武道では、主に男子を対象に、柔道や剣道、女子には薙刀を課すことが多かったが、女子の武道は欠くこともできた。

　このように、国民学校とは、天皇制国家における軍国主義や超国家主義の精神をもって、子どもたちの頭脳や肉体を鍛え上げて、日本帝国主義の対外政策であったアジア進出に貢献する勇敢な兵士（男子）の育成とともに、銃後で家庭や国家を守り支える女性を育成するための教育機関であった。

そして教科書の記述にも、従来と比較して、軍国主義や国粋主義の理念とともに、天皇中心の国体を重視する内容が多く盛り込まれるようになった。国民科修身では建国神話を教材として、日本は天皇や皇室を中心とする神の国であること、国史（日本史）では天皇制の歴史的発展が神話を交えて教えられた。

その一方で、合科教育をはじめ、理科における実験や観察の重視、音楽における音感教育、国語における話し方の重視、修身における生活題材の活用など、カリキュラム改革を中心に、大正新教育運動の遺産も継承された。[3]

1941年より実施された8年制の義務教育制度はアジア・太平洋戦争の激化と1945年の敗戦のため、完成前に崩壊した。

先行して産業革命を経験し、国民国家を確立した欧米列強諸国に追いつくことを目標に、近代日本は短期間のうちに国家統治制度を整備し、学校教育の普及を図っていった。とりわけ無償の義務教育機関である尋常小学校や国民学校は、国民一般に広く共通の知識や道徳を普及させる媒体になり、近代日本の国民形成に重要な役割を果たした。

その一方で、性別（男児か女児か）や学校段階（初等／中等／高等教育）によって、学校知は差別的に配分され、教授された。共通であれ、差別的であれ、いずれの学校知も、当時においては、国民統合や家族の形成には不可欠だと考えられていた。それが子ども（少国民）から大人まですべての日本国民を動員しつつ、男性は戦線で、女性は銃後を守る戦時総力戦体制につながった戦前の歴史を忘れてはならないだろう。

現在を生きる私たちは、教育の歴史や各時代の理念に対して無関心であってはいけない。過去から現在に通じる連続的な事象として歴史を捉え、その反省的な理解とそのうえに立った日々の実践が求められているのである。

2 教育課程の歴史（戦後）
―― 学習指導要領の変遷 ――

本節では、戦後の教育課程がどのように変遷してきたかを、学習指導要領の改訂からみていく。学習指導要領は、おおよそ10年ごとに改訂されてきた。改訂にあたっては、その時代の社会の特徴や、教育や学校の現状が考慮され、あるべき教育の姿が示されてきたのである。以下、時系列的に概説して、最後に

考察を試みる。

1　終戦直後から高度経済成長期までの教育——経験主義から系統主義へ——

　1945年の第二次世界大戦の終結により、天皇を中心とした軍国主義国家から民主主義国家へと、日本社会は大きく転換した。教育の分野においては、戦前の最高規範であった教育勅語は失効し、それにかわる教育の基本的理念を示すものとして、1947年に教育基本法が制定された。これと同じ年に、最初に学習指導要領が公布されたのである。基本的な理念として、児童中心主義・経験主義・問題解決学習の重視などが掲げられた。子どもの現実の生活の中に、教育の出発点があり、現実生活での経験を、より高い学びとするのが学校や教師の役割とされた。戦後の民主主義国家を担う市民の育成が目標とされたのである。

　教科の変更としては、戦前における修身・地理・日本歴史が廃止され、社会科・家庭科・自由研究が新設された。これらの新設教科は、当時のアメリカの教育課程の影響を強く受けたものとされている。また、この学習指導要領は、「試案」という形で出されたことが特筆される。国家主義的であり凄惨な戦争につながった戦前の教育への反省から、それぞれの地域や学校が独自性を持ち、特色ある教育を行うことを期待していたのである。

　この後、最初に学習指導要領が改訂されるのは1951年である。小学校において、教科を4つの領域に分類したことなどが主な変更点としてあるが、基本的な方針や理念は引き継がれた。しかし、この時代の経験主義的な教育に対して、効率的な学習ができない「はいまわる経験主義」との批判があり、これがこの後の系統主義的教育につながっていく。

　1952年に日本は独立国家として主権を回復し、その後1960年代にかけて日本社会は急速な経済発展を遂げていく。この時期の教育は、この経済発展に対応した人材を育成するということに主眼が置かれた。1958年の学習指導要領の改訂の特徴は、次の3点である。第1に、これまでの経験主義からかわって、知識を系統的に教えて基本をしっかりと身につける系統主義の教育が、基本的な方針となった。第2に、道徳教育を重視するため、週に1度の「道徳の時間」が特設された。第3に、「試案」ではなくなった。文部省の教育現場への統制力が強まったのである。

　この系統主義の傾向は、1968年の改訂において一層重視された。教育内容の現代化・高度化である。特に理数系において顕著で、授業時数も増加した。

2　「ゆとり教育」の時代──「受験競争への対策」から「学校5日制」へ──

　1973年の石油危機をもって高度経済成長は終わり、日本は安定成長の時代に入る。教育現場においては、1960年代に高校進学率・大学進学率が急激に増加し、教育現場において受験指導の割合が増加した。そのため、受験に必要な知識を注入するだけの「詰め込み教育」、授業についていけない「おちこぼれ」が問題となっていた。

　このような状況の中で、1977年の学習指導要領改訂が行われた。「ゆとり」が主要なキーワードとして挙げられる。教育内容が削減され、なかでも、国語・数学（算数）・社会・理科、中学校では外国語（英語）といった、高校や大学の入学試験において主要な位置を占める教科が削減されたのである。一部の自治体では、週に2～4時間の「ゆとりの時間」が登場した。各学校の創意工夫を生かして、クラブ活動や、体験的活動などが行われることとなった。

　次の1989年改訂においても、1977年改訂の方向性は引き継がれた。受験に対応した知識詰め込み教育を否定的に捉え、「新学力観」「個性を生かす教育の推進」が強調されたのである。「新学力観」とは、学力を様々な観点から評価するとき、「できる」「わかる」といった到達度だけではなく、関心・意欲・態度も重視しようという考え方である。教科の再編として、小学校低学年において理科と社会科が廃止され、生活科が創設された。高校において社会科を廃し、地理歴史科と公民科に再編された。

　1998年の学習指導要領改訂において、「生きる力」がキーワードとして登場した。「生きる力」とは、主体的に学び考えて行動し、豊かな人間性をもち、健康であるといったことを含む力とされている。この改訂の大きな特徴としては、「学校5日制による教育内容の精選」と「総合的学習の時間の創設」が挙げられる。学校5日制により、年間授業時数は各学年で70時間程度減少し、教育内容は約3割削減された。「基礎・基本」が重要視されたのである。

　「総合的な学習の時間」は、前述した「生きる力」の学習をめざす時間とされた。小学校3～6年生・中・高等学校において創設され、児童生徒の興味関心に従った、問題解決的な学習を行うこととされた。授業の内容は、各教科のように規定されているわけではなく、学校や教師などの各現場に任せられることとなった。

　このような方針のものに行われた1998年改訂であるが、授業内容の「精選」は、ゆきすぎた「削減」に他ならないとされ、改訂後まもなく「子どもの学力

低下の原因」という批判にさらされるようになった。学力問題については後述するが、この批判への対応の1つとして、2003年に文部科学省は学習指導要領の一部改正を行う。学習指導要領に記述がある内容は、「最低水準」であるとし、さらに学習意欲を持つ児童生徒には、さらに高度な内容である「発展的学習」を扱ってもよいという改正である。

3　知識基盤社会における教育——「確かな学力」——

2008年に行われた学習指導要領改訂の基本的な考え方として、「改正教育基本法等を踏まえた改訂」「『生きる力』という理念の共有」「確かな学力を確立するために必要な時間の確保」の3点が主なものとして挙げられている。

教育基本法は、2006年に初めて改正された。教育の目標として、伝統と文化の尊重、我が国や郷土を愛する態度を養うことなどが新たに定められたため、それが各教科や道徳の教育内容に反映されたのである。

「生きる力」という理念は、前回の1998年の改訂で出されたが、今回の改訂でも引き継がれた。この「生きる力」は、OECD（経済協力開発機構）が実施したPISA調査（Programme for International Student Assessment）の基本となっているキー・コンピテンシー（主要能力）と関連が深いものとされている[5]。キー・コンピテンシーとは、「言語・知識・情報・技術を相互作用的に用いる能力」「異質な集団で交流する能力」「自律的に活動する能力」といったカテゴリーからなる力である。

PISA調査は、OECD加盟国の15歳の生徒を対象としており、学力の国際比較を行うことが出来る。2000年から3年おきに実施され、2003年の調査で、他国と比較して日本の順位が下がったことにより、学力低下についての議論がさかんになった。この改訂は、それに対応する形で、「確かな学力の確立」「基礎・基本の徹底」が目指されることになった。各学年の年間授業時数が、35〜70時間程度増加し、教育内容も増加した。授業時数が増加するのは、1968年の改訂以来で、約40年ぶりのことであった。授業時数の変化としては、国語・数学・英語などの教科は増加し、総合的な学習の時間は減少した。また、小学校高学年において「外国語活動」が新たに加わったこともこの改訂の特徴の1つである。

4　現行の学習指導要領 —— 主体的・対話的で深い学び ——

　現行の学習指導要領は、幼稚園・小学校・中学校は2017年に、高等学校においては、2018年にそれぞれ改訂された。キーワードとして挙げられるのは、「主体的・対話的で深い学び」と「社会に開かれた教育課程」「カリキュラム・マネジメント」である。

　「主体的・対話的で深い学び」とは、「学ぶことに興味や関心を持ち、自己のキャリア形成と関連」づけ（主体的）、「子ども同士の協働、教職員や地域の人たちとの対話、先哲の考え方を手掛かり」として（対話的）、「知識を相互に関連付けてより深く理解したり、情報を精査して考えを形成したり、問題を見いだして解決策を考えたり、思いや考えを基に創造したりすることに向かう」（深い）学びであると、文部科学省は説明している[6]。なお、「主体的・対話的で深い学び」と関連が深い言葉として、「アクティブ・ラーニング」があるが、様々な意味があり、固まった概念ではないとされたため、学習指導要領には使用されなかった。

　「社会に開かれた教育課程」とは、「社会や世界の状況を幅広く視野に入れ、よりよい学校教育を通じてよりよい社会を創るという目標を持ち、教育課程を介してその目標を社会と共有していくこと。」である。子どもが社会や世界にかかわることや、学校教育を学校内に閉じずに、社会教育との連携や地域の人的・物的資源の活用などが示されている。

　「カリキュラム・マネジメント」とは、「学校の教育目標達成のために、組織としてカリキュラムを編成して実施して評価し、改善していく一連のサイクル（PDCAサイクル）を組織的に行うこと[7]」といった意味である。管理職だけでなくそれぞれの教員に、より一層のカリキュラム・マネジメントが求められることとなった。

　この改訂の他の特徴としては、小学校高学年で外国語科が設置されて英語が教科となり、従来からの外国語活動は小学校中学年で実施となったことや、小学校においてプログラミング教育が必修となったことなどが挙げられる。

　また、この改訂に先んじて2015年に学習指導要領の一部改正が行われ、小中学校において従来の「道徳の時間」に代わって「道徳科（特別の教科　道徳）」が開始された。いわゆる「道徳の教科化」である。

5 学習指導要領の変遷をどう捉えるか

以上、学習指導要領の変遷を見てきた。まとめると**表3-2**のようになる。

この変遷を考察することが、現在や未来の教育課程、ひいては教育や学校のあり方にどのようにつながるのかを、最後に考えてみたい。

学習指導要領が改訂される時には、「これまでの教育において○○が良くなかった。だからそれを□□のように改善する」というような方向性が大なり小なりあるといってよい。そのような観点から、戦後70年の変遷を眺めてみると、かつて批判されて薄らいだ理念や方針が、振り子が揺れるように、再び出てくることも少なくないことがわかる。例えば、昭和の前半である終戦直後に行われた経験主義の教育と、平成の時代に始まった総合学習との間に、類似点があることは多くの識者が指摘している。「子どもの興味関心を重視する」といった、ある意味で「教育の本質」を突いた理念が、時代を超えて残っているので

表3-2　学習指導要領の変遷のまとめ

改訂年	方針	主な特徴
1947	経験主義の教育	社会科の新設 「試案」
1951	1947年改訂を継承	小学校の教科を4領域に分類
1958	系統主義の教育 経済成長に対応した人材育成	道徳の時間の新設 教育内容・授業時数の増加 「試案」ではなくなり「告示」
1968	教育内容の現代化・高度化	教育内容・授業時数の増加
1977	ゆとりある教育 豊かな人間性の育成	教育内容・授業時数の削減 ゆとりの時間の新設
1989	個性重視 国際化への対応	選択履修・習熟度別指導の拡大 小学校低学年に生活科を新設 高等学校の社会科を地理歴史科と公民科に再編
1998	生きる力の育成	学校5日制の完全実施 授業内容の精選 総合的な学習の時間の新設
2008	生きる力の理念の共有 確かな学力の確立 知識基盤社会への対応	授業時数・授業内容の増加 小学校高学年に外国語活動を新設
2017	主体的・対話的で深い学び カリキュラム・マネジメント 社会に開かれた教育課程	小学校高学年に外国語科、小学校中学年に外国語活動 小学校でプログラミング教育が必修となる 小中学校で道徳科が開設（2015年に改訂）

ある。1つの教育理念に対して、一時的な評価のみで是非を決めるのではなく、過去をひも解いて同じような理念があったことを理解し、そこから未来の教育課程（すなわち教育や学校のあるべき姿）を模索する。これが、学習指導要領の歴史を振り返る意義なのである。[8]

| 演習問題 |

第3章1　教育課程の歴史（戦前）
1．明治後期以降の教育課程で、性別による差別化が進んだ理由を考えてみよう。
2．成城小学校（私立）と尋常小学校（公立）の教育課程を比較し、それぞれの特徴を明らかにしてみよう。
3．国民学校の教育を受けた人たちの経験談（たとえば、山中恒の「ボクラ少国民シリーズ」全5巻・辺境社）を分析してみよう。

第3章2　教育課程の歴史（戦後）
4．「主体的・対話的で深い学び」と「アクティブ・ラーニング」について、文部科学省のホームページを見て、まとめてみよう。
5．PISA調査の問題例と、結果（国別の順位など）について調べてみよう。
6．これからの社会を生きていくためには、どのような「能力」「学力」が重要となるのか、考えてみよう。

注
1）三大節とは四方拝（1月1日）、紀元節（初代天皇・神武が即位した日とされる2月11日）、天長節（天皇誕生日）を指し、1927年より明治節（明治天皇の誕生日である11月3日）を加えて、四大節になった。
2）国民学校高等科では初等科4教科に、実業科（農業、工業、商業、水産など）が加えられ、計5教科に合科再編された。
3）前田一男「国民学校」久保義三他編『現代教育史事典』東京書籍、2011年。
4）小学校・中学校の改訂は1958年であったが、高等学校の改訂は1960年であった。以下に取り上げる改訂においても、校種により改訂年が異なる場合があるが、小学校の改訂年で表される場合が多いので、本章でもそのように表記する。
5）松尾知明『新版教育課程・方法論コンピランシーを育てる学びのデザイン』学文社、2018年、p.70。
6）現行の学習指導要領の説明においては、文部科学省のホームページ（http://www.mext.go.jp/a_menu/shotou/new-cs/__icsFiles/afieldfile/2017/09/28/1396716_1.pdf、2018年3月30日最終確認）を参考にしている。

7） 松尾、前掲書、pp. 88-90。
8） 一時的な評価の典型例の1つとして、「ゆとり教育」について、「学力が低下したからよくない」といった、否定的な評価がある。「学力」をどのように捉えるか、「ゆとり教育」世代が大人になったら社会でどのように活躍するのか、といった点はあまり議論されなかった。

参 考 文 献

小針誠『教育と子どもの社会史』梓出版社、2007年。
小針誠『〈お受験〉の歴史学』講談社選書メチエ、2015年。
小針誠『アクティブラーニング 学校教育の理想と現実』講談社現代新書、2018年。
水原克敏『学習指導要領は国民形成の設計書〔増補改訂版〕』東北大学出版会、2017年。
松尾知明『新版 教育課程・方法論 コンピテンシーを育てる学びのデザイン』学文社、
　　2018年。
田中耕治・水原克敏・三石初雄・西岡加名恵『新しい時代の教育課程 第4版』有斐閣、
　　2018年。
武田明典編著『教師と学生が知っておくべき教育動向』北樹出版、2017年。
森山賢一編著『教育課程編成論』学文社、2013年。

第4章 新しい学習指導要領と各学校における教育課程

1 幼稚園の教育課程その他の保育内容

　近年、「生涯にわたる人格形成の基礎を培う」（教育基本法第11条）幼児期の教育（以下「幼児教育」という）の重要性が唱えられている。また、そのなかで、幼稚園・認定こども園等施設を中核とする幼児教育の質の向上を図っていくことが課題とされている。

　本節では、近年における幼稚園を取り巻く環境の変化と幼稚園教育要領改訂の方向性、幼稚園教育要領の概要と特徴及び幼稚園の教育課程その他の保育内容をめぐる課題について論究したい。

1　幼稚園を取り巻く環境の変化と幼稚園教育要領改訂の基本方針

　近年における幼稚園を取り巻く環境の変化は著しい。その主なものとして、急速な少子化の進行や働く母親の増加、低減する私学助成などが挙げられる。こうした状況にあって、一部の園を除いて、幼稚園設置者・経営者は「幼稚園に明日はあるか」と大きな不安を抱き、その将来や展望に疑問を持たざるを得なくなっている。他方で、財政優遇策の展開もあって、2015年4月に施行された「子ども・子育て支援新制度」の下で、積極的にであれ消極的にであれ、保育機能を付加した認定こども園（幼保連携型・幼稚園型）へ移行する園が増加している。今日、改めて、幼稚園制度はどうあるべきか、その固有の役割と機能が問われている。

　2016年12月に発表された文部科学省・中央教育審議会「幼稚園、小学校、高等学校及び特別支援学校の学習指導要領等の改善及び必要な方策等について（答申）」（以下、「答申」という）は、「生きる力」の育成に向けた教育課程をめぐる諸課題を乗り越え、子どもたちの日々の充実した生活を実現し、未来を創造していくために、「『社会に開かれた教育課程』の実現」をスローガンとして掲

げた。そして、そのうえで、学習指導要領等の改善の方向性として、① 学習指導要領等の枠組みの見直し、② 教育課程を軸に学校教育の改善・充実の好循環を生み出す「カリキュラム・マネジメント」の実現、③「主体的・対話的で深い学び」の実現（アクティブ・ラーニング）の視点の3つを示した。また、各学校段階の教育課程の基本的な枠組みと学校段階の接続について、幼児教育においては、① 幼児教育で育みたい資質・能力として、「知識・技能の基礎」、「思考力・判断力・表現力等の基礎」、「学びに向かう力、人間性等」の3つを、現行の幼稚園教育要領（以下、「2008年版幼稚園教育要領」という）等の5領域（「健康」「人間関係」「環境」「言葉」「表現」）を踏まえて、遊びを通しての総合的な指導により一体的に育む、② 5歳児修了時までに育ってほしい具体的な姿（「健康な心と体」「自立心」「協同性」「道徳性・規範意識の芽生え」「社会生活との関わり」「思考力の芽生え」「自然との関わり・生命尊重」「数量・図形、文字等への関心・感覚」「言葉による伝え合い」「豊かな感性と表現」）を明確にし、幼児教育の学びの成果が小学校と共有されるよう工夫・改善を行う、③ 自己制御や自尊心などのいわゆる非認知的能力の育成など、現代的な課題を踏まえた教育内容の見直しを図るとともに、預かり保育や子育ての支援を充実する、④ 幼稚園教育要領の改訂内容を踏まえ、保育所保育指針及び幼保連携型認定こども園教育・保育要領の改訂内容について整合性が図られるとともに、幼稚園と小学校の接続と同様、保育所及び幼保連携型認定こども園についても小学校との円滑な接続を一層推進されることが望まれる、の4点を掲げた。

2　幼稚園教育要領の概要と特徴

　前記答申は、2008年版幼稚園教育要領等の成果と課題について、大要、次のように取りまとめている。① 現行の幼稚園教育要領では、言葉による伝え合いや幼稚園教育と小学校教育の円滑な接続などについて充実を図り、その趣旨についてはおおむね理解されている、② 一方で、社会状況の変化等による幼児の生活体験の不足等から、基本的な技能等が身についていなかったり、幼稚園教育と小学校教育との接続では、子どもや教員の交流は進んでいるものの、教育課程の接続が十分であるとはいえない状況であったりしている、③ 近年、国際的にも忍耐力や自己制御、自尊心といった社会情動的スキルやいわゆる非認知的能力といったものを幼児期に身につけることが、大人になってからの生活に大きな差を生じさせるという研究成果など、幼児教育の重要性への認識が

高まっている。④2015年度から「子ども・子育て支援新制度」の実施により、幼稚園等を通じてすべての子どもが健やかに成長できるよう、質の高い幼児教育を提供することが求められている、⑤上記のことから、幼稚園のみならず、保育所、認定こども園を含めたすべての施設全体の質の向上を図っていくことが必要となっている、の5つである。

　文部科学省通知（2017年3月31日）によれば、2017年3月に改訂された「幼稚園教育要領」（2018年4月施行。以下、「2017年版幼稚園教育要領」という）における主な改善事項として、①幼稚園教育において育みたい資質・能力（「知識及び技能の基礎」、「思考力、判断力、表現力等の基礎」、「学びに向かう力、人間性等」）を明確にしたこと、②5歳児修了時までに育ってほしい具体的な姿を「幼児期の終わりまでに育ってほしい姿」として明確にしたこと（答申と同様の10項目）、③幼稚園において、我が国や地域社会における様々な文化や伝統に親しむことなど、教育内容の充実を図ったこと、の3点が挙げられる。ここにあるように、2017年版幼稚園教育要領は、「質の高い幼児教育の提供」に向けて、幼稚園教育において育みたい資質・能力や幼児期の終わりまでに育ってほしい姿を明示している点が大きな特徴となっている。新たに設けられた「前文」では、これからの幼稚園は、学校教育の始まりとして、教育基本法第1条・第2条に示されている教育の目的及び目標の達成をめざしていくことや、家庭との緊密な連携のもと、小学校以降の教育や生涯にわたる学習とのつながりを見通していくことの大切さが強調されている。まさに、「学校教育の基礎を培う」という幼稚園の役割のより一層の重視と明確化である。

3　幼稚園の教育課程その他の保育内容をめぐる課題

　では、幼稚園の教育課程その他の保育内容をめぐる課題とは何であろうか。以下では、3点、指摘しておきたい。

　第1点は、制度上または実践上における幼稚園または幼稚園教育の固有性と独自性をいかに捉えていくか検討していく必要があるということである。2008年6月の学校教育法一部改正により、幼稚園は、学校種の規定順のトップとして位置づけられるとともに、その目的（第22条）に、「義務教育及びその後の教育の基礎を培うもの」が追記された。これ以降、幼稚園教育現場にあっては、「幼小連携」といったワードのもと、小学校以降の教育との発達や学びの連続性を明確にすることが求められてきている。2017年版幼稚園教育要領では、

「初等中等教育の一貫した学びの充実」が改訂のポイントの１つとされているが、幼稚園または幼稚園教育が、その固有性と独自性を喪失し、ますます小学校または小学校教育の準備機関化・下請け機関化していくことにならないか、大いに危惧される。

　第２点は、教育課程の基本的な枠組みとかかわって、幼稚園教育において育みたい資質・能力や幼児期の終わりまでに育ってほしい具体的な姿と幼児期にふさわしい評価のあり方について明らかにしていく必要があるということである。2017年版幼稚園教育要領は、「第１章 総則」の「第４ 指導計画の作成と幼児理解に基づいた評価」において、幼児１人１人の理解に基づいた評価の実施について記している。そして、評価の妥当性や信頼性を高めるために、組織的かつ計画的な取り組みを求めている。その手法として、写真や動画などに残し可視化したいわゆる「ドキュメンテーション」「ポートフォリオ」などの活用が推奨されているが、他方では、国レベルにおいて、一定の数値指標の開発・活用など「幼児教育の質を評価する指標に関する研究」も取り組まれようとしている[4]。こうした動きのなかで、幼稚園の生き残り（サバイバル）とも相まって、幼稚園教育現場において、「わかる」「できる」を優先した「結果の見える化」への傾倒や偏重が急速に進んでいくことにならないか、多いに懸念される。

　そして、第３点は、幼稚園における子育ての支援のあり方について、保育ソーシャルワークの視点からさらに考察していく必要があるということである[5]。2017年版幼稚園教育要領では、独立した章として「教育課程に係る教育時間の終了後等に行う教育活動などの留意事項」が設けられ、預かり保育における地域の人々との連携や適切な責任体制の整備、子育ての支援における家庭と一体となった取り組みや心理・保健の専門家、地域の子育て経験者等との連携・協働などの重要性が示されている。また、「第１章 総則」の「第５ 特別な配慮を必要とする幼児への指導」において、障害のある幼児などへの指導と海外から帰国した幼児や生活に必要な日本語の習得に困難のある幼児の幼稚園生活への適応について取り上げている。幼稚園が地域における幼児期の教育のセンターとしての役割を一層果たしていくことが求められているといってよいが、そのためには、保育ソーシャルワークの視点から、保育教諭等教職員の資質・能力の形成（せめて、保育所保育士と同水準）や園内外における子育て支援体制の整備確立が必要不可欠である。今後の動向に注目したい。

幼稚園教育要領の法的性質として、国においては、「教育課程の基準を大綱的に定めるもの」(「前文」)として法的拘束力のある文書との位置づけがなされている。このこと自体が論争的であるが、2017年版幼稚園教育要領では、「質の高い幼児教育の提供」というスローガンのもと、幼稚園教育において育みたい資質・能力や幼児期の終わりまでに育ってほしい姿が示されることになった。また、それらを評価の対象とすることにもなった。いわば国版「期待される幼児像」の押しつけとなる契機が作りだされたといえよう。幼稚園教育現場における子どもと保護者の立場にたった自主的で創造的な取り組みが期待される。

2 小学校の教育課程

日本では、教育課程はおよそ10年おきに改訂される学習指導要領の影響をうけて各学校で編成される。ここでは、2017年版小学校学習指導要領の基本的な考え方について中心に述べる。それは、中学校・高校の学習指導要領改訂にも同時に当てはまる考え方である。

1 小学校の学習指導要領改訂

2016年12月の中央教育審議会答申「幼稚園、小学校、中学校、高等学校及び特別支援学校の学習指導要領等の改善及び必要な方策等について」という答申が出される (以下、「中教審答申」)。そこでは、「2030年の社会と、そして更にその先の豊かな未来において、1人1人の子供たちが、自分の価値を認識するとともに、相手の価値を尊重し、多様な人々と協働しながら様々な社会的変化を乗り越え、よりよい人生とよりよい社会を築いていくために、教育課程を通じて初等中等教育が果たすべき役割を示すことを意図している。」とあり、先行きが不透明な世の中において、「将来展望」「新しい時代を切り拓いていくため」ということが言われている。今後ますます、人の価値観が多様化するなかで「相手の価値を尊重する力」が必要となることは予想されよう。

2017年3月に新たな学習指導要領が告示された。次いで文部科学省による『学習指導要領解説』も出されている。改訂の基本的な考え方としては、「教育基本法、学校教育法などを踏まえること」など、従前とほぼ変わらないところも多いが、新たに「社会に開かれた教育課程」という文言がはいっている。

中教審答申は「社会に開かれた教育課程」の実現のために重要なこととして、

以下の3点を挙げている。教育課程と社会とのつながりが、その内容や実施面の両面でいわれている。

① 社会や世界の状況を幅広く視野に入れ、よりよい学校教育を通じてよりよい社会を創るという目標を持ち、教育課程を介してその目標を社会と共有していくこと。
② これからの社会を創り出していく子供たちが、社会や世界に向き合いかかわり自らの人生を切り拓いていくために求められる資質・能力とは何かを、教育課程において明確化し育んでいくこと。
③ 教育課程の実施に当たって、地域の人的・物的資源を活用したり、放課後や土曜日等を活用した社会教育との連携を図ったりし、学校教育を学校内に閉じずに、その目指すところを社会と共有・連携しながら実現させること。

2017年版小学校学習指導要領においては、「主体的・対話的で深い学びの実現に向けた授業改善を通して、創意工夫を活かした特色ある活動を展開するなかで、……児童に生きる力を育むことを目指す」とある。教育活動の充実は以下のことを偏りなく実現できるようにといわれる。

(1) (生きて働く6)) 基礎的・基本的な知識及び技能
(2) (未知の状況にも対応できる) 思考力、判断力、表現力等を育成すること
(3) (学びを人生や社会に生かそうとする) 学びに向かう力、人間性等を涵養すること

この3項目は従前からある学校教育法第30条2項の内容とほぼ一致するが、上記のカッコ内に記されていること、すなわち今後の自分の人生や社会とのかかわりに生きて働く力となることが強調されているといえる。

「主体的・対話的で深い学び」とは、今回改訂のキーワードのようにいわれるが、中教審答申では以下のようにいわれている。

　　学ぶことに興味や関心を持ち、自己のキャリア形成の方向性と関連づけながら、見通しを持って粘り強く取り組み、自己の学習活動を振り返って

次につなげる「主体的な学び」が実現できているか。
　子ども同士の協働、教職員や地域の人との対話、先哲の考え方を手掛かりに考えること等を通じ、自己の考えを広げ深める「対話的な学び」が実現できているか。
　習得・活用・探究の見通しの中で教科等の特質に応じた見方や考え方を働かせて思考・判断・表現し、学習内容の深い理解につながる「深い学び」が実現できているか。

　今回の改定の特色として、各教科で育成すべき「資質・能力」を明確化していることが挙げられる。1つの例を以下にあげる[7]。
　小学5年生の社会は、「社会的事象の見方・考え方を働かせ、学習の問題を追及・解決する活動を通して、次のとおり資質・能力を形成することを目指す。「我が国の国土の地理的環境の特色や産業の現状、社会の情報化と産業のかかわりについて、国民生活との関連を踏まえて理解するとともに、地図帳や地球儀、統計などの各種の基礎的資料を通して、情報を適切に調べまとめる技能を身につけるようにする」「社会的事象の特色や相互の関連、意味を多角的に考える力、社会にみられる課題を把握して、その解決に向けて社会へのかかわりを選択・判断する力、考えたことや選択・判断したことを説明したり、それらを議論したりする力を養う。」「社会的事象について、主体的に学習の問題を解決しようとする態度や、よりよい社会を考え学習したことを社会生活に生かそうとする態度を養うとともに、多角的な思考や理解を通して、我が国の国土に対する愛情、我が国の産業の発展を願い我が国の将来を担う国民としての自覚を養う」という目標は、上記の3要素と対応していると考えられる。
　「内容」において、「世界における我が国の国土の位置、国土の構成、領土の範囲などを大まかに理解すること」などといった「知識及び技能」についてのみならず、「世界の大陸と主な海洋、主な国の位置、海洋に囲まれ多数の島からなる国土の構成などに着目して、我が国の国土の様子を捉え、その特色を考え、表現すること」などといった児童が習得すべき「思考力、判断力、表現力等」について明確な記述がある。
　「知識・技能」について、「内容」について、大まかな基準が定められているのは従前の学習指導要領も同じであるが、身につけるべき「思考力、判断力、表現力」まで具体的に記述されるようになった。その点は前回までの学習指導

要領とは大きく違うところである。

　授業時間数に関しては、小学校3・4年で外国語活動が35時間（週1時間に相当する）、小学5・6年で教科「外国語」が導入されたゆえ、外国語（英語）の時間が週1時間増加したこと以外には、変更はない。授業時間数は変っていないものの、「情報活用能力（プログラミング教育を含む）」「主権者教育、消費者教育、オリンピック・パラリンピック」など新たに強調されるようになった事項はある。プログラミング教育がどのように小学校で実施されるかは、2017年の教科用図書検定基準の改定で小学5年生用算数教科書に、および6年生用理科教科書に「プログラミングを体験しながら論理的思考力を身に付けるための学習活動」を取り上げること、が言われている。具体的にどうなるかは、現時点では明らかではない。

　2017年の改訂は外国語関係をのぞいて授業時数に変化がないなど、前回の2008年改訂ほど大きな改訂ではないと評価できよう。学習指導要領の「改革動向」は連続性のなかにあるといえる。ただし、教えるべき内容（コンテンツ）のみならず、身につけるべき資質・能力（コンピテンシー）を明記するというのは大きな変革である。

2　学習指導要領改訂の問題点

　ここでは若干の問題点を指摘しておきたい。第1には、「知識・技能」と「思考力、判断力、表現力」の双方を引き続き重視するなど、前回の改定と変わっていないところも多い。2008年改訂で掲げられた方針は実現できたのか、できなかったのか。その点の十分な検証はされていないといわざるをえないのではないか。

　第2に「社会に開かれた教育課程」というが、学校評議員制度（2000年から）はほとんどの学校におかれ、コミュニティ・スクール（「学校運営協議会」の制度は2004年から）が1割を超える程度に増加しているものの、十分に、実質的に機能している学校ばかりではない。都市化がすすむなか、保護者の多忙化という問題もあるなか、教員と社会が十分につながりをもてる機会の保障や時間的保障ができるとは限らないという問題がある。「2030年の社会」にむけての教育課程をいったいどのようにして作るのか、という問題もある。

　第3に、小学校教員に時間的余裕がないことが多方面から指摘されているなかで、授業時間数増は教員の負担増につながることである。特に外国語関係の

人員の配置などは地方教育委員会の裁量に任せられているが、今後考慮すべきことになるであろう。教師の「働き方改革」がいわれているなか、逆に勤務時間の増加をもたらすことになりかねない。

今回の学習指導要領の改訂がどのように教育現場で理解され、実施されていくかは本稿執筆の時点では今後を見るほかない。小学校でいうと道徳と外国語活動・英語が特におおきな改訂があったといえるが、趣旨が理解され、実現されるかは研修時間の確保と時間的な余裕が必要であろう。

コラム１
▶小学校「外国語活動」と「英語」

2011年「国際共通語としての英語力向上のための５つの提言と具体的施策」（外国語能力の向上に関する検討会）、2013年「教育再生実行会議第三次提言」「グローバル化に対応した英語教育改革実施計画」（文部科学省）などを経て、わが国の外国語教育の改革は徐々に具体化されてきた。2017年版の学習指導要領では、これまで５・６年生で週１時間配当されていた「外国語活動」が３・４年生に前倒しされ、５・６年生では週２時間の「英語」時間が配当されることになった。修得すべき知識・技能（英語の特徴、単語など）、思考力・判断力・表現力（英語で表現する、伝えあったりすることなど）が明確化されている。主体的・対話的な学びの中で学びに向かう力や人間性が育成されていく、ということが示されている。外国語活動では「聞くこと」「話すこと（やり取り）（発表）」、英語では加えて「読むこと」「書くこと」の５つの領域別に具体的な到達目標が設定されている。

「主体的・対話的で深い学び」のために

英語の表現を覚えて言い慣れる、という単なる活動で終わってしまっては、「思考・判断・表現」を伴う深い学びとは言えない。授業で大切にすべきポイントを本コラムでは３点指摘しておく。

外国語を学ぶ時に主に使われている感覚は、視覚、聴覚、身体感覚と言われている。人は聴覚で音声を認識し、視覚で話している相手の表情やジェスチャーを読み取り認知する。また、人には（V）聴覚優位、（A）視覚優位、（K）身体感覚の個性があるゆえに、どの知覚をどんな場面でどのくらい使う授業をするかは配慮が必要である。（K）身体感覚とは、体を使って文字を作ったり、意味を示

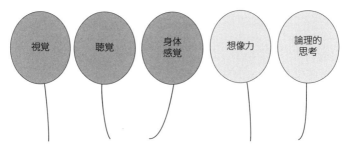

図1 「視覚・聴覚・身体感覚」「想像力・論理的思考」（VAKIL）
出所）筆者作成。

したりすることを指すだけではなく、音声を発する時の口まわりの筋肉を使う感覚や呼気を出す認知のことをも指している。日本語の「え」と英語の"e"の音の違いは、耳で認知するだけではなく、口の開き方や顎の下がり具合、舌の緊張具合などの知覚を意識することによってより確実な認識を支える。（V）、（A）、（K）に加えて言語の習得活動の際に役立つものとして、（I）想像力と（L）論理的思考が挙げられる。"a small ant and a big elephant"と、"a big pink ant and a small green elephant"では、意味を理解しようとする時、後者の方が想像力を使うだろう。想像力を使い、より自分に引き寄せて理解としようとする能動的な学びを起こす事ができる。また、日本語と英語の音声や文構造の比較を通したメタ言語能力を使うには論理的な思考を育成する必要がある。深い学びを作り出すために、VAKILの5つのポイントは役立つだろう。

「からだ・こころ・あたま」
　柳瀬・小泉（2015）は、ことばを「からだ」から生じ「こころ」で実感され「あたま」でさらに展開されるものだとしている。「からだ」とは血流や化学物質分泌や神経伝達などの身体内のすべての動き（＝情動）であり、その「からだ」の情動が意識（＝中核意識）で感情として自覚されたのが「こころ」である。「こころ」は「からだ」の状態の自覚である以上、〈今・ここ〉の意識に過ぎないが、その意識が〈今・ここ〉を超えて過去・未来のさまざまな想像上の世界で展開するとそれは「あたま」（＝拡張意識）と呼ばれる。学習者が新しいことばを理解し獲得するのは、それが「からだ」から生じ「こころ」で感じられる身体実感と合致した時である。そうしていったん獲得されたことばは、同じ身体実感が生じた時に自然と口から出てくる。「からだ」と「こころ」の身体実感と十分結びつか

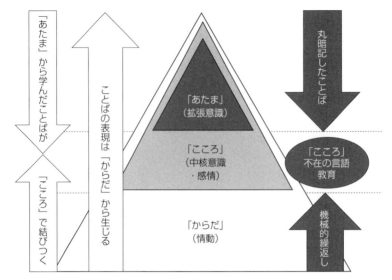

図2　「からだ・こころ・あたま」
出所）柳瀬陽介・小泉清裕『小学校からの英語教育をどうするか』岩波書店、2015年。

ないまま、「あたま」だけで丸暗記された言語形式はいわば「意味の亡骸」であり、そのような言語形式を操る訓練ばかりしても、ことばは身につかない。**図2**は上述書の柳瀬氏から私信で提供された図で、「からだ・こころ・あたま」とことばの関係を表している。児童が英語をわくわくしながら受け入れ、それが深い学びになるためには、このように身体器官や「こころ」をフルに使えるような方略が必要である（柳瀬陽介・小泉清裕『小学校からの英語教育をどうするか』岩波書店、2015年）。

メタ言語能力 ── ことばへの気づき ──

　学習指導要領には、「英語の音声やリズムなどに慣れ親しむとともに、日本語との違いを知り、言葉の面白さや豊かさに気付くこと」（外国語活動）、「日本語と英語との語順の違いに気付かせる」（英語）といった文言がある。

　外国語習得には、言語を客観的かつ分析的に、意識的かつ意図的に観る力（メタ言語能力）が必要である。メタ言語能力とは「ことばへの気づき」と言い換えることができよう。大津由紀雄は、「学校英語教育の目的は、母語に対する気づきの発達を支援し、それによって、母語を効果的に運用できる力を増進させるこ

とにある」と述べている。教員養成においても、その点は意識されるべきであろう（大津由紀雄他『学校英語教育は何のため？』ひつじ書房、2014年）。

3　中学校の教育課程
——普通教育をめぐる画一化と多様性の相克——

　本節では、中学校の教育課程について2017年度版学習指導要領で完結する現行教育基本法で規定する教育の目標を実現するためのカリキュラム体系について、義務教育の実質的保障つまりは普通教育の内容や到達点の視点から検討する。2017年版学習指導要領では普通教育の価値体系からの画一化が形成される一方、夜間中学など義務教育未了者のために学習者の多様性を認めるという相反するベクトルが共存している。学習者の権利保障の観点から普通教育の「学びの道」について読者とともに考えたい。

1　義務教育の到達点（中学校卒業時）から見える「画一化」

　現在、日本の義務教育は小学校から中学校まであるいは義務教育学校、特別支援学校の小学部・中学部の9年間である。この期間の教育は法的には「普通教育」と言われ、教育基本法第5条第2項では「各個人の有する能力を伸ばしつつ社会において自立的に生きる基礎を培い、また、国家及び社会の形成者として必要とされる基本的な資質を養うことを目的として行われる」と規定している。なお、これは2006年末に全面改正された現行法であって、これ以前には「普通教育」に対する法的な規定はなかった。よって、義務教育で保障すべき「普通教育」の内容や到達点について様々な議論が展開されてきた。もっとも、2021年度から完全施行される2017年版学習指導要領により、教育基本法第2条の「教育の目標」、学校教育法、学習指導要領と教育内容はおろか資質・能力についても完全に構造化され、制度的な「解」はほぼ明確になった。さらに、この内容について単元ごとに「知識及び技能」「思考力・判断力・表現力」「学びに向かう力・人間性」という学力三要素によって詳細に規定されたのである。このことにより「全国学力調査」（以下、学テ）が、これらのチェックとして機能するようになることは言うまでもない。すでに一部の都道府県では教科書の進捗状況までをチェックするしくみが整っており、公立学校においては教育の

独自性はほぼ失われているといっても過言ではない[9]。

　画一化された義務教育の到達点はどこにあるのか。教科及び領域の構造から考えるに、「特別の教科」となった「道徳」に収れんされると言っていいだろう。2012年度から中学校で完全施行された現行学習指導要領では、道徳を「教育活動全体を通じて」行うものとされ、事実上全ての教科及び領域を網羅する位置づけとなった。そして、2017年版学習指導要領でも同様である。道徳の内容は教育基本法第2条の「教育の目標」とほぼ同一の内容である。ただし、この内容は教育基本法全面改正によって変えられたのではなく、1998年版学習指導要領以降、21世紀に入って同一の内容で今日に至るのである。さらに、2017年版学習指導要領では教科書を使用し、数値ではないものの「生徒の学習状況や道徳性に係る成長の様子を継続的に把握」するとして「道徳科」の評価を事実上行うようになる。構造上は国民の内面の統制を子ども期に「実態に即して」行うと同義であり、「教化」と何ら変わりはない。一方で、2017年版学習指導要領でも教育基本法第1条「教育の目的」にある「人格の完成」については、所々で位置付けられている。少なくとも近現代における人格の構成要件である「個」の確立について、「特別の教科　道徳」の内容としては「個性を伸ばし」、「個性や立場を尊重」、「自他の権利を大切に」など所々で触れられている。しかし、第1章総則の「第6　道徳教育に関する配慮事項」などでは全くふれられておらず、現行の社会・国家による（教育）政策への従属的価値観の注入を可能とする教育内容の構造化はここに貫徹したのである。

2　教育機会確保法が示す普通教育の多様性

　「義務教育の段階における普通教育に相当する教育の機会の確保等に関する法律」（教育機会確保法）が2016年12月に成立した。これは日本に約140万人いるといわれる義務教育未了者及び不登校の学齢児に対する教育機会の実質的保障を前進させる画期的な法律である。これまで、「教育の受ける権利」の保障は実質的には「学校に通う」ことが前提であったものを、それ以外の形態、教育内容を公的に認める可能性に道を開いたのである。これに関連して文部科学省では、夜間中学の推進を始めた。「夜間中学」とは、義務教育未了者を中心とした学びの場であり、昼の中学校と同じ条件で学べる公立夜間中学（公立中学校夜間学級）は8都府県31校（2017年度末現在）のみである。1966年、当時の行政管理庁が文部省などに対し夜間中学を早期に廃止すべきと勧告（夜間学級廃止勧

告）して以来、文部省（1999年から文部科学省）は一貫して夜間中学では本来の中学校の教育課程は保障できないとし、増設はおろか実態調査にも及び腰のまま21世紀を迎えた。しかし、教育機会確保法成立により学齢超過者及び学齢生徒の夜間中学受け入れに際しての教育課程に関するしくみが新学習指導要領によって明確化される。それは、学校教育法施行規則において「実情に応じた特別の教育課程を編成することができる」とされたことによる。これにより、学齢超過者のみならず不登校の学齢生徒についても「特別の教育課程を編成」することを可能とした。これは、特別支援教育や外国人子弟に対する「特別な配慮を必要とする」教育以外で学習指導要領の内容を弾力的に運用することを可能とした点では画期的な制度変更である。

3　夜間中学が展開した多様な「学びの道」

　一方でこの制度変更以前から夜間中学では生徒の実情に合わせた教育課程が実質的には展開されてきた。例えば、東京都の公立夜間中学では、学年を超えての日本語の習熟度別クラス編成を行っており、1クラスの人数は若者クラスを除き10名程度に抑えている。外国から移り住んだ人々が増えるにしたがい日本語の授業時間割合を増やしたクラスを編成している。また、若者を中心に高校進学を希望する生徒もおり、3年間で高校受験に対応できる昼の中学校とほぼ同じ教育課程を組んでいるクラスもある。

　夜間中学では生徒の（潜在的なものも含んだ）ニーズによって教育課程が組まれ、多様な「学びの道」がつくりあげられてきた。その代表例が「生活基本漢字」である。「生活基本漢字」は東京都の公立夜間中学の国語科教師が作り上げ、40年余りにわたって使われている教材である。これは、社会生活にすぐ必要な漢字を就労や買い物、移動などの場面別にピックアップし最低限覚えるべき漢字を381字に絞ったものである。ひらがなの読み書きができる成人生徒については、この習得（読める、書ける）を最優先に授業を構成し短期間で修得しやすくなったのである。なお、この381字の数および構成は地域によって異なる。それは、移動（交通機関の利用）で最低限知っておくべき漢字が地域によって異なるからである。

　夜間中学が示した多様な「学びの道」であるが、昼の中学生には全く関係ないことなのだろうか。子どもの貧困対策法の制定以来、各地で展開されている貧困家庭の子どもへの学習支援は子どもの学力形成と家庭の経済状況が関連す

る証拠が次々と発表される中で広がった取り組みである。昼の生徒が義務教育で普通教育の内容を身につけることを保障するならば、夜間中学のみに許された弾力化を昼にも拡大することが必要ではないかと筆者は考える。これまで夜間中学が蓄積してきた教育課程は、義務教育を質的に保障するために展開した「カリキュラム・マネジメント」そのものと言える。

4　2017年版学習指導要領が抱えてしまった矛盾

　学力論議だけを取り上げると、学テの展開の口実にもなったのがPISAなどの新しい学力・コンピテンシーへの対応である。PISAの読解力、数学的リテラシー、科学的リテラシーでそれぞれ定義されているのはあくまでも「市民生活を送る上」で必要なものである[11]。その点、2017年版学習指導要領では本来国が対応したいと言っていたこれらの国際的な学力・コンピテンシーからもかけ離れた教育内容をいっそう画一的に展開するとしているのである。一方で教育課程の「弾力化」を認められた夜間中学では先述の通り、これまでも義務教育保障を切実に求める学習者のニーズに応えるべく、生徒や地域の実情にあった教育課程が展開されてきた。近年改めて叫ばれるようになった「グローバル化への対応」だが、使う側次第ではあるが「市民的」という意味合いも含まれつつある。例えば、多国籍企業が続々とLGBTに向けた商品・サービスを宣伝し、ヘイトスピーチのような排外主義に対して社として反対の意思を表明するようになっている[12]。これは、世界中あまねくことなくビジネスを展開するためには「多様性」を受け入れるアピールが必要であることが世界的認識として広がってきたからである。学習指導要領2017年度版の全体像を見ると、国際競争への対応をよりいっそう強調したい（だから英語教育を強化する！）という意思がよくわかる。しかし、「市民的」な要素を取り入れることは、現行の国や社会の在り方を最優先に肯定する価値観とは相容れない点が多い。第一、「主体的・対話的で深い学び」は画一的価値観に染まっている社会、あるいはそのような社会への適応を目指す教育では必要性を見出しづらい。

　したがって、2017年版学習指導要領では道徳の「特別の教科」化などで何とか「多様性を尊重する市民」の優先順位を下げる構造にはなっているが、目指す学びとの関係では大きな矛盾を抱えてしまったのである。

　さて、本章冒頭で提示した中学校教育の到達点、つまり義務教育で身につけ

るべき普通教育について改めて考えてみよう。実際に教師は、日常生活レベルの「グローバル」化、つまりはあらゆる多様化の進行について、誰かに教わるのでもなくきっと目の前の生徒たち、あるいはその家庭や社会的背景から、の様々な言動（多くは教師の意に沿わない）として「突きつけられる」だろう。その時に、その生徒たちの声に耳を傾け、かれらが社会で生きていくための「学びの道」を組み立てられるようになるという学習者目線の「カリキュラム・マネジメント」が現場では求められるのではないだろうか。

　学力論争によって高まった国民の学校教育への関心は、単に「学力」や「モラル」だけにとどまらない。小規模自治体では、地方創生政策の展開に伴い人口減少を食い止めるべく地元の学校教育の充実、子育て家庭に対する支援を充実させつつあり、地元の子どもたちをどれだけ次世代の担い手としてつなぎとめるか、見方によってはいたれりつくせりの行政サービスを展開する自治体も出てきた。先述の学習支援などでは地域の大人たちが様々な子どもの面倒をみる機会も増えてきた。コミュニティ・スクール（学校運営協議会制度）の推進による「社会に開かれた教育課程」づくりが、これら子どもを地域の担い手として認める大人たちによって構成されれば、そこに今保障すべき普通教育の課程の1つの事例が示されるのであろう。つまりは、これからの教育課程は臨床的な検証と不断なる再構成が実践的には求められるのである。

4　高校の教育課程
―― 18歳成人に耐えうる市民的自立を見通して ――

　本節では高校の教育課程について、2018年度版学習指導要領の策定過程で急浮上した成人年齢の18歳への引き下げ、つまり高校卒業段階で「大人」としてのあらゆる素養が備わっていることが求められる社会的要請にどう対応しうるかを検討する。特に18歳選挙権の実現以来「市民的自立」が問われるようになった点を重視する。

1　18歳成人の法制化と高校教育の新たな課題

　教育と政治・社会情勢は結局のところ切っても切り離すことができない。高校における2018年版学習指導要領の大方の注目は「高大接続」への対応、特に「主体的、対話的で深い学び」をアクティブラーニング（以下、AL）でどう実現

させるかという点に集中していたであろう。しかし、憲法改正手続き、特に国民投票の法制化に端を発した18歳選挙権が実現し、18歳を成人と規定する民法改正もが国会で成立し2022年度から施行される。このことにより、大学進学層に限定されないすべての高校生が「高校卒業まででどう大人に育てるのか」あるいは「育てることが可能なのか」という課題が学校教育関係者に突き付けられたのである。つまり、後から出てきた（ように見える）政治課題に教育改革の論点がシフトチェンジするという現象が、高校について今まさに起こっている。

　制度上では高校教育は義務教育の範疇ではない。しかし、現在では中卒の9割以上が高校に進学し、戦後一貫して高校進学率の向上、現在では退学率の減少が重要な教育課題になっていることからも、実質的に権利として保障されるべき学校教育に高校が含まれていることは疑いようがない。中学、高校と続く日本の中等教育では質的にはどこまでを保障しているのか。学校教育法第50条の高校教育の目的では、「高度な普通教育及び専門教育を施す」と規定している。また、同第51条の高校教育の目標が3点掲げられ、普通教育の発展として「国家及び社会の形成者として必要な資質」を養成、進路決定に足る教養及び専門知識などの習得に加えて「個性の確立に努めるとともに、<u>社会について、広く深い理解と健全な批判力を養い、社会の発展に寄与する態度を養うこと</u>」（下線部は筆者付記）と規定している。前節ではPISAで提示されたコンピテンシーには「市民生活を送る上」という前提があることを指摘した。下線部は市民生活を送る上で必要な資質であると言える。これらの条文は教育基本法全面改正の翌年の学校教育法改正で書き換えられた部分であり、高校教育については「高度な」普通教育の要素に「市民としての教育」を内包していると考えられる。

　他方でキャリア教育の体系化に伴い、高校においては直近の（大学進学などの）進路決定にとどまらない人生設計のもとでの進路意識の形成と具体的な行動を求められるようになった。よって、高校教育の目標として「市民的自立」を法制度上は求められるようになったと考えられるのではないか。

2　18歳成人を基礎づける新科目「公共」

　18歳選挙権が具体化する中で高校では改めて政治教育への関心が高まり、総務省の後押しもあり多くの高校で選挙教育が展開されていった。2009年版学習指導要領では、政治教育を実質的に担いうる教科として「公民」、さらには政

治的判断の材料となる現在の社会問題の理解に資する科目として「現代社会」がある。「現代社会」については1978年の学習指導要領改訂で設置され、当初は必履修とされたが大学受験などであまり活用されず倫理、政治・経済との選択必修に落ち着いた経緯がある。2018年版学習指導要領では、「現代社会」を18歳選挙権定着に対応した政治教育の体系的展開の要として「公共」科に再編し、必履修にする。

　新科目「公共」では公共に対する理解、社会参画に関する資質・能力形成、持続可能な社会づくりの主体形成の３つの柱から構成されている。目標では、「グローバル化する国際社会に主体的に生きる平和で民主的な国家及び社会の有為な形成者に必要な公民としての資質・能力を」（下線筆者付記）育成すると定めている。下線部が象徴している通り、「公共」の目的は教育基本法第２条の教育の目標にある「公共の精神に基づ」いた社会発展及び「伝統と文化を尊重し」た上での国際社会の平和と発展に「寄与する態度を養う」ことである。要は「（現在の）社会に役に立つ」言動を身につけると読め、主権者たる市民として必要な政治的判断を担保する批判的思考は捨象されている。この点において、中学までの「特別な教科　道徳」の延長線上として「公共」科は位置づいているといえるが、18歳選挙権を実質的なものとする政治教育としての位置づけは読み取ることができない。なお、高校教育においても2009年版学習指導要領に引き続き「道徳教育」は各教科・科目及び領域を横断して展開すべきものとされている。前節で指摘した、現行の社会・国家による（教育）政策への従属的価値観の注入を可能とする普通教育の内容が「高度」化して高校でも引き継がれていると言える。

3　「市民的自立」の観点でのカリキュラム・マネジメント

　さて、PISAで提示されたコンピテンシーが示す通り、市民生活を送る上での必要な資質・能力は全ての教科・科目を横断して学ぶことによって形成されるものである。では、日本の高校において「市民的自立」を見通す教育課程というのはあり得ない話なのか。これについて、かつての埼玉県立浦和商業高等学校定時制課程（浦商定時制／定時制課程は現在は廃止）がつくりあげた「八つの力」の教育課程からその可能性を見出すことができる[13]。

　浦商定時制は勤労青年が減少した1990年代以降は長らく定員割れの状況が続く一方、「不登校・引きこもり」による他者や学校・社会とのつながりに強い

不安や拒否感を抱いている生徒が多数集まるようになった。浦商定時制はその頃から生徒会活動の活性化に取り組み、卒業式の自主運営など行事を中心に生徒が自分たちで作りあげる学校づくりを新たな伝統にしてきた。また、太鼓部では人とほとんど話ができないような生徒が人に見せられる芸術を身につけ、他の人と一緒に演奏できるようになることで、人前で演奏し評価される経験を通じ揺るぎのない自信と自己肯定感を得る場をつくりあげていった。

　これらの課外活動での居場所になる学校づくりの蓄積の上に、浦商定時制では他者や学校・社会とのつながりに大きな課題をもつ生徒に対応した授業づくり及び教育課程づくりに取り組む。そこで、教職員は卒業までに生徒に身につけてほしい力を以下の八つにまとめた（八つの力）。

　　1、自分を表現する力
　　2、他者認識と自己認識ができる力
　　3、主権者として活動できる力
　　4、労働をするための主体者像を確立できる力
　　5、生活主体者としての力
　　6、文化を享受できる力
　　7、「世界」を読みとる力
　　8、真理を探究する力

　この力をどこでどう身につけるのかという観点ですべての教科・科目の授業を再構成した。例えば、「1、自分を表現する力」については**表4−1**の通りである。

　21世紀の高校については義務教育の国による統制（国家主義）路線に対し、「特色ある学校づくり」を強調する一方で学区拡大による競争激化と定員未充足及び小規模校の淘汰（統廃合）という新自由主義路線に傾倒していると言われてきた。教育課程においては学習指導要領の改訂のたびに学校設定科目など学校ごとの裁量の範囲が拡大されてきた。公立学校では総合学科の設置がすすみ、職業科も統廃合するなどし、進学校を中心とする普通科内でも多様化が進められてきた。一方で、2018年版学習指導要領にある「カリキュラム・マネジメント」を展開するにあたっては、これまでのカリキュラム改編にみられる、各教科・科目の数合わせのみの調整や目玉になる教科や単元の導入にとどまら

第4章　新しい学習指導要領と各学校における教育課程

表4-1　「八つの力」を基準とした授業内容の再構成（1、自分を表現する力）

必要な学力	教科	内容
言語化できる力	国語	自分の辞書をつくる 聞き書きを紙芝居に仕立てる
	世界史	自分史を書く
	英語	身の回りのこと・社会的な関心を簡潔な英文で表現する
	保健	資料をもとに自分の意見をまとめ、人の意見を聞き、また自分の意見をまとめる。その繰り返しの先に自分の言葉を探る力を養う
身体化できる力	体育	和太鼓の技法を学ぶことにより太鼓を通しての自己表現の元を身体に刻む。また民舞の身体技法より彼らの身体を解放させる
	英語	英語による道案内 英語劇を演じる（グループ→役割→練習→発展）
芸術で表現できる力	国語	群読を試みる 茨木のり子の詩を読む
	体育	和太鼓の日本的なリズム・強弱を我がものにし、そこから自分の表現をつかむ。クラスのアンサンブルを創り上げる

出所）浦和商業高校定時制四者協議会編『この学校がオレを変えた　浦商定時制の学校づくり』p. 155。ただし、「内容」については一部筆者が要約。

ず、教育内容の構成を教科・科目、領域を横断して再構成することが求められる。浦商定時制の試みからは、学校や社会との接点、さらにはその基本的な経験といえる他者とのかかわりが決定的に不足している生徒に対し、自らで学ぶ喜びを得、居場所をつくりあげ、言葉や芸術によって学校の外である社会へ発信する成功体験の蓄積による「市民的自立」への学びの可能性が見える。

4　高大接続改革が求める「インサイド・アウト」の学び

　ALによる授業改革は当初、大学で広がってきた。反転授業やICT教材の普及など、学生たちが自ら主体的に学ぶ機会を増やすことで大学の質の向上を試みてきた。しかし、授業開発の進行の裏では、ALについていける学生層が少ないという大きな課題も浮き彫りになってきた。2018年度版学習指導要領ではあくまでも「主体的・対話的で深い学び」を主眼し、授業方法に従来からの大きな変更はないとしている。しかし、高大接続研究の第一人者である溝上慎一はこれからの大学の学びに有効なのは主体的に学ぶ力（教室外学習、主体的な学習態度）、豊かな対人関係と活動性、将来への意識（キャリア意識）であると指摘している[14]。これは、青年期の自己形成の在り方が「アウトサイド・イン」

(社会への適応)から「インサイド・アウト」(社会で自己実現できるようかかわる)に変化したことによる。この点で大学におけるALの積極的な導入の意義があるというのである。

 高大接続の観点でも高校でALを積極的に導入する流れはとどまることを知らず、2018年版学習指導要領で新設される「○○探究」科目を先取りした取り組みが進学校で展開されている。しかし、溝上が指摘しているのは生徒に内なる動機とそれを実現する「つながり」をつくり、活かす力（経験）であり、ALを大学の学びの形態として高校で予行演習することを意味しているのではない。一方で浦商定時制が追求してきた学びはまさしく内なる動機を他者とつながりながら育み続けることであった。これからの高校では生徒を市民として向き合い、内なる動機を育むという観点での「カリキュラム・マネジメント」が求められていると言えよう。その結果、各高校で確立された教育課程はエリート、ノンエリートにかかわらず市民的自立への学びを保障する「青年期教育」になりゆくと筆者は考える。

コラム2
▶部活動と教育課程

学習指導要領と部活動

　部活動は中学・高校で行われていることは「当然」とおもっている人は多数いるであろう。しかし、部活動は「教育課程外」の活動である。部活動を通して教育課程内で学ぶことのできない、例えばスポーツ・文化活動の楽しさ、達成感、協調性、チームワーク、努力、礼儀、克己心などを体得する経験をもつ人は多いであろう。日本の中学・高校教育に「部活動」は深く根強いているとはいえる。正確なデータは存在しないものの、中学生の9割、高校生の7割はなんらかの部活動に加入していると考えられる。

　中学校・高校学習指導要領で示されている授業時数のなかには「部活動」は組み込まれていない。部活動に関する学習指導要領（総則）の記述は以下のとおりである。

　　生徒の自主的、自発的な参加により行われる部活動については、スポーツや文化、科学等に親しませ、学習意欲の向上や責任感、連帯感の涵養等、学校教育が目指す資質・能力の育成に資するものであり、学校教育の一環とし

て、教育課程との関連が図られるよう留意すること。その際、学校や地域の実態に応じ、地域の人々の協力、社会教育施設や社会教育関係団体等の各種団体との連携などの運営上の工夫を行い、持続可能な運営体制が整えられるようにするものとする。

　生徒の自主的、自発的な参加に基づくものである。ただし、部活動が事実上義務付けられているにひとしい中学・高校も存在するであろう。
　教員にとっても（試合引率などに若干の手当がでることはあるものの）、勤務時間外に顧問として働いている場合はいわゆる「超勤4項目」（政令により、公立中学校・高校の教育職員等に時間外勤務を命じることができる理由は「非常災害」など4つに限定されている）に含まれるものではないゆえ、「自主的、自発的」に指導を行っているという位置づけである。公立学校の場合、教員の異動は部活動の顧問についての状況を考慮せずに行われることが多いゆえ、顧問が転任になると部の存続ができなくなることもある、また教員にとっても自分が全く指導したことのない領域の部活動の顧問を任せられることは多々ある。これから教員になる人は、「自分の希望する顧問になれるとはかぎらない」ことをあらかじめ理解しておくべき、という見方がある。新採用から定年まで40年近くあるとすると、異動のたびに顧問する部がかわり、何種もの顧問をする人は全く珍しくない。いうまでもなく、教員免許は自分の習得した校種・教科のみに有効であるのが原則であるが、部活動の指導に関しては、「無免許」状態に等しいなかで行われているといってよい。教員養成課程に直接部活指導は含まれないことのほうが多い。2016年度の調査によると、1週間の運動部活動の時間の平均は男子935分、女子949分であり、その時間のうちに土日に行われるのが4割を占める。[17] 生徒が授業をうけているのは、週1500時間とすると、部活動にその6割をこえる時間を使っていることになる。それが「無免許」状態の指導で行われているのである。「部活動」は生徒の自主性に任せられる面が存在するとはいえ、問題であろう。
　「生徒における様々な無理や弊害を生む」以上は、「練習時間や休養日を適切に設定すること」を文部科学省は2017年3月14日に通知している。「長すぎる練習時間」は教員に多大な負担をかけることを同時に意味する。
　教員以外が部活動の指導にあたることは、従前から行われていた。2015年度で中学校には約3万人の「外部指導員」がおり、[18] 単純計算で中学1校に約3名いることとなる。2017年4月からは「部活動指導員」が学校教育法施行規則第78条の2により制度化された。「教員の多忙状態」が指摘されるなか、部活動指導員が

法令上の文言に載せられることとなった。今後、部活動指導員をどれほど自治体が雇用するのか、勤務時間が「正規職員」なみとはならない部活動指導員の人件費負担はどうなるのか、部活動指導員になるための免許・資格は今のところ存在しないゆえに雇用するべき人をどうやって決定して「質保証」を行うのか、解決するべき問題は自治体の判断に任せられている。

フランスの中学・高校と部活動

フランスには部活動にそのままあたるものは存在しない。中学・高校生の年齢におけるスポーツ活動はアソシアシオン（NPO）で行われるのが通常である。ただし、学校内に部活動に近いものがまったくないわけではない。

体育科教師は自分の得意スポーツに関して学校内（あるいは外）でアソシアシオンの指導をすることができる。フランスの教員は担当授業コマ数が決められているが、体育科教員はアソシアシオンの指導もコマ数の中にはいる（週3コマ）。中学であれば、通常3種類程度の部活動がある。そうすることによって、専門外のスポーツの顧問をすることはなくなる。中学・高校にあらゆる部が存在するわけではないゆえ、近隣の学校の生徒が入部することもありうる。

他に、おもに中学では「社会・教育の居場所（foyer socio-éducatif）」おもに高校では、「高校生の家（Maison des lycéens）」がある。前者は教師主導、後者は生徒主導の傾向がある。それらは、放課後の時間に週1回程度、文化、芸術、スポーツなどの活動を行う場所である。

中澤篤史は、運動部活動の指導目的を英米は「競技力向上」、日本は「人間形成」とまとめているが[19]、フランスは「文化的活動ができる市民の育成」と位置づけられよう。生徒が学校を離れた後、余暇を楽しみ文化的活動ができることもふくめた市民となるためのものであり、スポーツ活動もそのなかに含められている。

まとめにかえて

日本において部活動以外には中学・高校生が安価にスポーツを楽しむ機会は少ない、という事情がある。なぜ、これほどまでに「部活動」がさかんに行われるようになったのか。その歴史的経緯はとても複雑である[20]。「なぜ練習時間を減らすことができないのか」については、さまざまな事情がある。ほんの一例として考えられることをあげると、「新自由主義的改革」が行われている昨今のなかで、学校には「目に見える成果」が求められる以上、「部活動の成果（県大会や全国大会に出場などの）」といった「目に見えた成果」をだすことが学校の存在意義

を示しやすい、ということがある。今後、部活動の問題をどう考えるか。問題解決のための「最適解」は容易に見つかりそうもない。

コラム 3
▶インクルーシブ教育

　日本では「インクルーシブ教育」をめぐって様々な議論が巻き起こっており、その概念を１つに定めることが難しい状況にある。2014年１月に国連の「障害者の権利に関する条約」を批准するに先立って、日本政府は国内法の整備に乗り出した。その指針の１つである、文科省が2012年に提示した「共生社会の形成に向けたインクルーシブ教育システム構築のための特別支援教育の推進」報告の中では、個別の教育的ニーズに合わせて特別支援学校や特別支援学級といった専門的な教育機関を用いることがインクルーシブ教育に通じるとする見方が提示されている。しかしながらこれに対し、そもそも場を分けるということ自体が、障害者を排除することになっていないかという議論もある。インクルーシブ教育をめぐる議論は、障害児教育に限った問題ではなく、学校とはどういう場所であるべきか、教育とは何を目指すべきかという、現代の教育を根本的に問い直す問題なのだ。

　そのような状況の中で、インクルーシブ教育の画期的な実践校として知られているのが大阪市立大空小学校である。大空小は「すべての子どもの学習権を保障する」ことを学校の理念として掲げ、その実践の１つとして、障害の判定の有無にかかわらず、すべての子どもが普通学級でともに学んでいる。以下では、私が2016年度の１年間、大空小でフィールドワークをしていた中で出会った、１人の子どもから学んだことをもとに、インクルーシブな学校空間とはどのような場であるのかを改めて考えてみたい。

　Hとの初めての出会いは入学式だった。新入生のリボンを付けてもらったHは、一緒に体育館に向かうはずの６年生の手を振り払って、エレベーターの中でじっとうずくまって体をこわばらせていた。入学したての彼は、学校という場所に慣れていないせいか、よく大声で泣き、よく教室を飛び出して廊下を走り回っていた。まだ言葉を発することはほとんどなく、いろんなものをとりあえず口に入れて確かめるような子どもだった。

　そんなHが入学してきてまず変わったのは、周りの子どもたちだった。最初は

Hが大きな声を出したり泣いたりするたびに驚いたり慌てたりしていた子どもたちだったが、時が経つにつれ、いつの間にかHが大声を出したとしても、集中して授業に取り組むようになっていった。よくよく観察していると、子どもたちの変化の背景には、教師たちが丁寧にそのような関係を築こうとしていたことが見えてきた。

　Hが泣く時、教師たちがHを静かにさせようと動くことはあまり多くなかった。その代わりに、周りの子たちに、「Hはなんで泣いてるんやろか」と聞くのである。すると子どもたちはすぐに、「転んでぶつけたんちゃうかな」「眠いんちゃうかな」「本読みたいんちゃうかな」と、言葉がまだうまく話せないHの思いを、自分なりにくみ取ろうとする。それを聞いた教師が「みんなは自分が困って泣いてるときにじろじろ見られるのは嫌やろ？　だから学習中は自分の学習に集中して、Hに今は学習の時間やでって空気で伝えてあげてや」と伝えると、みんな納得して自分の学習に集中するのである。大空の教職員は、わかりづらいHの思いを、他の子どもたちに「通訳」していたのである。

　そうやって過ごしていく中で、Hが泣くのは4時間目に多いことがわかってくる。なるほど、お腹が空いて泣いてたんやなあ、とみんながわかるようになってくる。ずっと一緒に過ごしているから、Hが、給食が好きで、でも野菜が嫌いで、鉛筆をかじることが好きで、飛行機が好きだとわかってくる。それに伴って、彼が授業中に大声で泣いて教室を飛び出すことが、子どもたちにとって大した問題ではなくなっていったのである。すると、いつを境にともなく、彼が教室を飛び出していくことが少しずつ少なくなっていった。周りの子どもが変わったことによって、結果的にHが安心して教室にいられるようになったのだ。それだけではない。Hが自分らしくいることが認められて安心していられる空間が、他の子にとっても安心できる居場所になっていたことが印象的だった。

　大空小では「障害」という言葉を使っていない。私は最初「障害」という言葉が使えないのは不便ではないかと思ったが、Hと周りの子どもたちとの関係を見ていて、考えを改めることになった。なぜなら、子どもたちがHを理解するときに、障害名は特に必要がなかったからだ。子どもたちにとって、Hがあまり言葉が出せなかったり、すぐに口に物を入れたり、大きな声で急に泣き出すことは、給食が好きで、飛行機が好きで、野菜が嫌いなことと同じくらい当たり前のことだ。彼が「障害児」だから助けたいのではない、困っている友達だから助けたいのだ。

大空小で過ごしていくうちに、私自身にも大きな変化があった。1つ目に、私自身が子どもを理解しようとするときに、いかに「障害」というフィルターに縛られていたかに気付かされた。同じ障害名を診断されていても、子どもによってそのあり方は全く異なるうえに、同じ子どもでも時間や体調によって大きくそのあり方は変わってくる。その子のことを知るためには、その子から学ぶしかない。あるいは、その子の周りの友達の方が、大人よりずっと詳しいのである。教科書や指導書からでなく、目の前の子どもから学ぶことの大切さを教えてもらった。

2つ目に「特別な支援」を必要とする子どもはその時によって違うという、ごく当たり前のことに気付かされた。今教室で一番困っている子は、「障害児」に限らないのである。「障害児」とされる子が何も困らずに自分の学習に取り組んでいる横で、その隣にいる子が、朝両親がケンカしている姿を目の当たりにして、不安でどうしようもなくなっていたりする時もある。「障害」というフィルターを一旦抜いて見てみることで、「今一番しんどい思いをしている子はだれだろう」という視点に立ち返ることができる。「今一番しんどい思いをしている子」が安心して過ごせる空間こそが、結果的にみんなが安心して自分らしく過ごせるインクルーシブな空間となるのだ。

最後に、その子が安心して自分らしくいられるためには、何も無理にその子を変える必要はないということにも気付かされた。むしろ、周りの子がその子を見る目が変われば、その子は安心して自分らしく学ぶことができる。様々な背景を抱える人たちがともに生きる社会にするために学校はどういう場所であるべきか、というとても難しい問いに、大空小学校は日々の実践を通して常にチャレンジしているのだ。

コラム4
▶多様な学びと教育課程

「フリースクール」や「オルタナティブスクール」という言葉を一度は耳にしたことはないだろうか。正確な定義は難しいが、どちらも、日本の学校制度の外側で、子どもの居場所であることや子どもの主体的・対話的で深い学びを重視した「多様な学び」の場として広がりをもっている。

ここでいう日本の学校とは、学校教育法第1条で定められている「幼稚園、小学校、中学校、義務教育学校、高等学校、中等教育学校、特別支援学校、大学及び高等専門学校」を指す。これらを一般に、「一条校」という。一条校では、高

等教育課程にあたる大学および高等専門学校をのぞき、幼稚園ではあれば「教育要領」が、小・中学校、高校、特別支援学校では「学習指導要領」が、文部科学省が定めた教育課程の基準（スタンダード）として存在する。義務教育段階において、この学習指導要領に準拠した検定教科書を用いて、黒板を背にした教師が、学級の多数の児童生徒に向けて一斉授業する形が、馴染みの学校の姿であろう。

　それに対して、フリースクールやオルタナティブスクールのほとんどは、一条校ではないため、学習指導要領や検定教科書を参照・活用はしても順守する必要はなく、また在籍する子どもが少人数のため、1人1人の子どもの興味や関心、その時の状況にあわせて柔軟に教育課程（カリキュラム）を編成、運用している。不登校の子どもの受け皿として1980年代中頃に勃興したフリースクールでは、子どもが安心していられる居場所であることを第一義に運営され、特定の活動プログラムをもたないところもある。他方で、日本のオルタナティブスクールの中には、ヨーロッパやアメリカの教育思想・実践から影響を受けて設立されたところがある。代表的なものに、モンテッソーリ教育、シュタイナー教育、フレネ教育、A・S・ニイルのサマーヒルスクール、デモクラティック・スクール（サドベリー・バレー・スクール）、イエナプラン教育が挙げられる。こうしたオルタナティブスクールでは、独自の教育課程（カリキュラム）を構成している。シュタイナー教育の「エポック授業」、イエナプラン教育の「ワールドオリエンテーション」が好例である。

　2016年に教育機会確保法（「義務教育の段階における普通教育に相当する教育の機会の確保等に関する法律」）が成立し、2017年に施行された。同法の趣旨は、不登校の児童生徒に対する教育機会の確保及び、夜間など特別な時間に授業を行う学校（「夜間中学校等」）における就学機会の提供である。同法第13条では、学校以外の場における学習活動を行う不登校の子どもに対する支援について、子どもたちが学校以外の場で行う多様で適切な学習活動（「多様な学び」）の重要性を鑑み、また子どもの「休養の必要性」を踏まえたうえで、子どもの状況に応じた学習活動が行われるよう、国や地方公共団体が情報提供、助言、その他支援を行うために必要な措置を講ずることと規定されている。

　教育機会確保法の成立に先立ち、2015年に文部科学省により、フリースクールやオルタナティブスクールの初めての実態調査が行われ、小・中学校への通学の代替として、民間の施設・団体（474ヶ所）に約4000人の子どもが通っていることが分かった。また、法成立の背景として、義務教育段階で不登校の子どもが全国で約12万人におよび、1997年以降、少子化傾向にもかかわらず、不登校の子

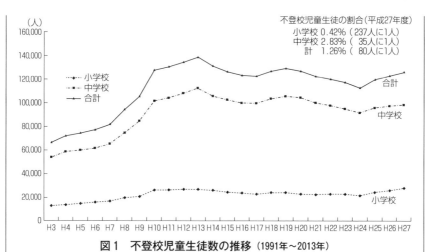

図 1　不登校児童生徒数の推移（1991年～2013年）

出所）　文部科学省『平成27年度児童生徒の問題行動・不登校等生徒指導上の諸課題に関する調査』2017年、p.65。

もが10万人を下回ることがないことは想起されてよい[22]（**図1**）。

　教育機会確保法の成立を経て、今後は、学校（一条校）と学校外の「多様な学び」の場の連携が問われる中、人材や実践の交流が進み、教育課程（カリキュラム）の編成、運用に変化が生じるかもしれない。その際の鍵となるのが、2017年、2018年の学習指導要領の改訂である。同改訂によって、「社会に開かれた教育課程」が目指され、「何を学ぶか」（知識の量・質）だけでなく、「何を身につけるか」（資質・能力）をも明示したうえで、「どのように学ぶか」の議論がされている。学び方として重視されているのが、子どもの主体的・対話的で深い学びである。すなわち、主体的な学びとは、「学ぶことに興味や関心を持ち、自己のキャリア形成の方向性と関連付けながら、見通しを持って粘り強く取り組み、自己の学習活動を振り返って次につなげる」こと、対話的な学びとは、「子ども同士の協働、教職員や地域の人との対話、先哲の考え方を手掛かりに考えること等を通じ、自己の考えを広げ深める」こと、そして、深い学びとは、「各教科等で習得した概念や考え方を活用した「見方・考え方」を働かせ、問いを見いだして解決したり、自己の考えを形成し表したり、思いを基に構想、創造したりすることに向かう」ことである[23]。こうした学びのあり様は、学校外のフリースクールやオルタナティブスクールでの営為の蓄積、それらの経験知を学校内の実験的な実践事例と結びつけるきっかけとなるのではないか。たとえば、フランスの小学校教師

セレスタン・フレネが始めたフレネ教育は、子どもの興味や関心をもとにつづる自由テキストや一週間の子どもの学びを自主編成した学習計画表などの学習技術を考案したが、それらは日本においてもオルタナティブスクールの基盤として摂取されたり、公立小学校の国語科や社会科、音楽科などの教科学習に組み込む形で展開され、結果として、両者の教育課程（カリキュラム）を媒介することになっている。

「多様な学び」と教育課程とは、「子どもの最善の利益」（子どもの権利条約第3条）とは何かを問う観点から、今後も検討すべき課題を多分に含んだ領域である。

5 養護教諭・栄養教諭と教育課程

本章ではここまで学校種ごとに教育課程をみてきた。しかし本節で扱う養護教諭および栄養教諭は、ある1つの学校種に限られた教員免許ではない。

養護教諭は小学校や中学校だけでなく、幼稚園、高等学校、中等教育学校、義務教育学校、特別支援学校と配属はどのような校種でもありうる。ということは、見方によっては養護教諭こそが教諭よりも幅広く様々な校種の教育課程について理解しておく必要があることになる。

栄養教諭は21世紀に入ってから導入され、学校教育法で必置とはされていないが、勤務としては小学校、中学校、義務教育学校とやはり校種に限定されるものではない。後述のように担任との連携が基本ということもある。

本節ではこのような特徴を持つ養護教諭・栄養教諭がどのように教育課程とかかわっていくかについてみていくことにする。

1 養護教諭と教育課程

養護教諭の一般的なイメージとしてよく言われるのは「保健室の先生」である。保健室の先生、ということは教室ではなく保健室にいるということで学級担任をもっていない、ということである。学級担任をもっていないのだから、したがって授業も担当しない、というイメージがついて回ることになる。

しかし、これは大変な誤解である。養護教諭は決して保健室にとどまる存在ではない。文部科学省が規定する養護教諭の職務のうち、「保健室の運営に関すること」は最後の8番目に出てくる。1番目は「学校保健情報の把握に関す

ること」で、2番目が「保健指導・保健学習に関すること」となっている。決して保健室のことが重要でないというわけではないが、養護教諭の職務として保健指導・保健学習が重視されていることは注目しなければならない。養護教諭は園児児童生徒の前に立って保健指導や、教育課程の一環として保健学習を行う以上、教育課程に関する十分な理解が必要である。また実際の保健学習の実施にあたっても、担任とのティームティーチングの場合やチームを組んで総合的な学習の時間として取り組む場合、さらに栄養教諭との連携、外部講師を呼んできた場合のコーディネーター的役割、と多彩な能力を発揮することが求められる。

　養護教諭はこれもよく指摘されるように日本独自の職種である。外国の学校では学校看護師という場合が多く、「先生」ではない。日本独自の職として、看護師ではなく教諭として存在するからには、「先生の一人」として保健指導・保健学習が充実するように絶えず努力する必要がある。

　しかしながら残念なことに養護教諭はその養成のあり方の問題もあり、保健指導・保健学習に消極的な養護教諭が散見されることも事実ではある。1997年の保健体育審議会答申で健康相談活動という名で養護教諭に心のケアが期待されるようになり、また薬物乱用や喫煙・飲酒の問題、性教育といった保健学習の内容が現代では非常に重要になってきている。1998年の教育職員免許法の改正により、校長の発令によって養護教諭が三年以上の勤務経験でもって保健の教科の領域に係る事項を教えることができるようになってもいる。

　さらには養護教諭を「学校におけるヘルス・プロモーター」と位置づける考え方も広がっている。「プロモーター」とは直訳すると「主催者」「推進者」である。過去の因習にとらわれず、学校全体で健康にもっと関心や注意が払われるよう他の教諭たちに働きかけ、積極的に子どもたちに保健の内容を教えていくことがこれからの養護教諭には求められているのである。

2　養護教諭にかかわる学習指導要領

　それでは具体的に2017年および2018年改訂の学習指導要領が、どのように養護教諭とかかわってくるか見ていくことにしよう。

　今回の学習指導要領の改訂のポイントの1つは「学校における体育・健康に関する指導」である。その記載は第1章　総則の第1の2(3)と冒頭で、重要視されていることがわかる。これは1つには東京オリンピック・パラリンピック

2020を意識している。また2011年の東日本大震災などから前回の改訂よりも安全に対する国民の意識の高まりがあり、学校保健法が学校保健安全法と改正されたこともあって、健康とともに安全に関する教育の推進が新たに導入されたこともある。中でも大きいのは児童生徒たちの健康にまつわる現実が深刻化しており、そのことに対応することが求められているからである。

例えばスマートフォンの普及などに伴う児童生徒の睡眠時間の減少やストレスの増加、他に児童生徒に広がる生活習慣病などがある。発達障害を含む特別支援教育の重要性が増していることも、健康に関する教育の充実が求められる理由の1つである。養護教諭は学校内で最も健康に関する専門的知識をもつ立場であり、教育課程上のこれらの課題に積極的に取り組まなければならない。

こういった状況の中で、健康に関する教育については改訂の度に注目すべき内容が新たに導入されている。前回の改訂では、新たに総則で自らの健康を適切に管理し改善していく思考力・判断力などの資質や能力を育成することが盛りこまれた。指導内容としては、中学校と高等学校の保健体育で安全についての二次災害によって生じる傷害や医薬品に関する内容が新たに加わり、今回の改訂では「がん教育」を推進していくことが求められている。

学習指導要領では「生涯を通じて健康・安全で活力ある生活」を目指しているにもかかわらず、がん（悪性新生物）は日本人の死因第1位でありながら、これまで学習指導要領にはがんについての記載がなかった。二次災害による傷害、医薬品、がん、いずれも医療にかかわる分野であり、養護教諭の活躍が期待されているし、養護教諭もそれにこたえる専門性を身につける必要がある。

また、中学校や高等学校は教科担任制を原則としているため、体育・健康に関する指導が保健体育科担当の教員に任されてしまうおそれを前回の改訂は指摘し、全教職員の理解と協力を得て組織的に進めることが大切とされた。そのような中で養護教諭の重要性は論を待たない。

このようにふだん教室で教壇に立たない養護教諭であっても、学習指導要領の深い理解は欠かせないことがわかるだろう。

3　栄養教諭にかかわる学習指導要領

栄養教諭の制度は2004年の教育職員免許法改正で誕生した、まだ歴史の浅い制度である。しかしその誕生の背景には、日本では学校看護師ではなく養護教諭が学校におけるヘルスプロモーターであるように、学校栄養職員ではなく

「先生の一人」として栄養指導、そして新しい言葉である食育の先頭に立ちたい、という長年の関係者の思いがあったことは忘れてはならない。それだけに栄養教諭の制度に対する期待は大きく、それにこたえていかなければならない。

栄養教諭は歴史的背景もあって養護教諭の制度を真似る形で作られたが、養護教諭とは大きく異なる点がいくつかある。そのうちの１つが、栄養教諭ははじめから栄養指導や食育の先導者として教壇に立つことが前提となっている点である。もう１つは、栄養教諭免許の取得にあたっては、例えば一種であれば管理栄養士国家試験受験資格取得が必要という、教員免許とは別の資格にまつわる前提があることである。ただし、中学校や高等学校の免許が教科毎に別れているのとは異なり、教える内容はあってもそれに一対一のような形で教科が対応していない点は養護教諭と同じである。

したがって、栄養教諭には食に関する指導の全般にわたって栄養士免許取得かそれ以上という専門的な立場から力を発揮することが求められる。栄養教諭の職務は食に関する指導と学校給食の管理が二本柱で、食に関する指導はさらに個別的な相談指導、教科や特別活動などでの指導、食に関する指導の連携・調整に大きく別れる。

このうち、教育課程が特にかかわってくるのは教科や特別活動などでの指導である。栄養教諭は家庭科だけでなく、保健体育、社会、生活、特別活動、総合的な学習の時間、と様々な形で学習指導要領とかかわることになる。

なによりもまず、学習指導要領の冒頭、第１章 総則の第１の２(3)において「学校における食育の推進」とうたわれていることが重要である。食育は、学校教育の一部として行われるのではなく、学校の教育活動全体を通じて行われる必要がある。そしてそれは当然ながら栄養教諭が専門性を発揮しながら教師間の連携をはかり、また地域の産物を学校給食に取り入れるといった、学校給食を効果的に活かしていくことが求められている。

そうはいっても非常に多くの教育課題をかかえる今の学校にあっては、食育の推進は新たな教育課題の１つ、と捉えられてしまいかねない。そこで栄養教諭は積極的に各教科などの学習内容がいかに食にかかわるかを教員たちに理解してもらうとともに、総合的な学習の時間を十二分に生かすことが必要である。言うまでもなく食は生きる上での基本だからである。児童生徒たちの関心も高い食を通じてまさに横断的・総合的な学習活動を展開することができるし、その際に栄養の専門家である栄養教諭が核となるからである。

そのうえで、家庭科は言うに及ばず、栄養教諭は様々な教科にかかわることができる。例えば体育・保健体育での体の発育に栄養がどのようにかかわるか、社会科での食糧自給率の問題や生産・流通にかかわる人々、外国の食文化や日本の食の歴史をあげることができる。国語の文学作品には食の話が出てくるし、算数・数学の例題や理科の実例として食にまつわることが出てくれば、それらについて各学級担任や教科担任に助言することもできるだろう。さらには道徳での規則正しい生活と食習慣、特別活動での給食委員会や料理クラブ、学校行事など、栄養教諭は学習指導要領にかかわって多岐にわたる活躍が可能である。

最後に2017年および2018年に改訂された学習指導要領では、グローバル化が進展する中でこれまで以上に「伝統や文化に関する教育の充実」が求められている。その中には家庭科の内容として「和食」が取り上げられており、栄養教諭としても和食の利点や魅力を伝えていく必要がある。

教育課程についての教職課程向けテキストはあまたあれど、その中で養護教諭・栄養教諭についてふれているものは希である。それは養護教諭については先に述べたイメージの問題が、栄養教諭についてはまだ制度が始まって20年も経っていないことによる実践の蓄積の少なさが影響しているのだろう。

しかしながら、ここまで読み進めば学校における教育活動の中で、栄養教諭はもちろん養護教諭も教育課程上「先生の一人」として重要なことが理解できただろう。この理解は当人たちだけでなく、担任たちにも共有されてこそ、学校が一段と協働の場としてより充実した教育実践の場となることができるのである。

演習問題
第4章1　幼稚園の教育課程その他の保育内容
1. 近年における幼稚園を取り巻く環境の変化と幼稚園教育要領改訂の方向性について調べてみよう。
2. 幼稚園教育要領の概要と特徴についてまとめてみよう。
3. 幼稚園の教育課程その他の保育内容に関する事項をめぐる課題について考えてみよう。

第4章2　小学校の教育課程
4. 2017年に改訂された学習指導要領により、日本の教育はどのように変わるか、考察してみよう。

5．「社会に開かれた教育課程」とはどういうことか。考えてみよう。
6．「主体的・対話的で深い学び」とは、どういうことか。自分がある教科の授業実践を行うものとして、考えてみよう。

第4章3　中学校の教育課程
7．これからの社会に必要な力・コンピテンシーについて考え、中学校学習指導要領の教育内容と比較してみよう。
8．日本社会におけるモラルの問題が特別の教科「道徳」ではどれだけ対応しているか、内容を検討しこれからの道徳教育（他教科、領域を含む）のカリキュラムの課題について考えてみよう。
9．夜間中学の作文、手記を読み、学習権保障の観点から普通教育（誰もが学んでおくべきこと）の教育課程の構成について検討してみよう。

第4章4　高校の教育課程
10．中学と高校、高校と大学は教育課程ではどのような違いがあるか。自分の経験や学習指導要領を比較してまとめよう。
11．あなたの高校の学びは社会に積極的にかかわることにどれだけ貢献できると思うか。自分の経験を振り返り、高校教育課程の課題について考えよう。
12．高校教育における学校ごとの教育課程の差異はどこまでなら許されるか。高大接続改革の動向を踏まえながら、学ぶ権利と市民的自立の観点から検討しよう。

第4章5　養護教諭・栄養教諭と教育課程
13．学習指導要領の2017年および2018年改訂で「がん教育」や「和食の指導の充実」がなぜ重視されているのか、その背景について調べてみよう。
14．学習指導要領が掲げる「生きる力」を育成するために、養護教諭および栄養教諭がどのように活躍できるか、考えてみよう。
15．自分自身が大学入学までに受けてきた保健や食に関する教育を、その内容が質・量ともに十分だったか検証するために、まとめてみよう。

注
1）文部科学省「学校教育法施行規則の一部を改正する省令の制定並びに幼稚園教育要領の全部を改正する告示、小学校学習指導要領の全部を改正する告示及び中学校学習指導要領の全部を改正する告示等の公示について（通知）」（28文科初第1828号）2017年3月31日。
2）無藤隆・汐見俊幸・砂上史子『ここがポイント！3法令ガイドブック──新しい『幼稚園教育要領』『保育所保育指針』『幼保連携型認定こども園教育・保育要領』の理解のために──』フレーベル館、2017年、p.11。
3）伊藤良高『新時代の幼児教育と幼稚園──理念・戦略・実践──』晃洋書房、2009

年。
4） 文部科学省・幼児教育に関する調査研究拠点の整備に向けた検討会議「幼児教育に関する調査研究拠点の整備に向けて（報告書）」2016年3月。
5） 保育ソーシャルワークについては、伊藤良高・永野典詞・中谷彪編『保育ソーシャルワークのフロンティア』（晃洋書房、2011年）、日本保育ソーシャルワーク学会編『保育ソーシャルワークの世界——理論と実践——』（晃洋書房、2014年）等を参照されたい。
6）「生きて働く」という言葉が中教審において使用されるに至った経緯は管見のかぎり明らかではない。東井義雄が、「生活の論理」と「教科の論理」をからみあわせることから「村を育てる学力」という概念を提唱したことは、よく知られている。彼はそれを「生きて働く学力」とも呼んでいることに注目しておきたい。参照、東井義雄『村を育てる学力』明治図書、1957年。東井義雄『東井義雄著作集2』明治図書、1972年、p. 268。
7）『小学校学習指導要領（平成29年3月）』文部科学省。
8） 2017年から地方教育行政の組織及び運営に関する法律で、学校運営協議会の設置は努力義務となり、今後さらなる増加が予想される。
9） 井上大樹「小学校の教育の課程と方法——毎日の授業を『こどもの時間』に——」、降旗信一・鈴木敏正編著『教育の課程と方法——持続可能で包容的な未来のために——』第7章、2017年、pp. 147-161。
10） 文部科学省「学校教育法施行規則の一部を改正する省令等の施行について（通知）」2017年3月31日。
11）「OECD生徒の学習到達度調査（PISA2015）」（国立教育政策研究所ウェブサイト http://www.nier.go.jp/kokusai/pisa/、2018年3月31日最終確認）。
12） 四元正弘・千羽ひとみ『ダイバーシティとマーケティング——LGBTの事例から理解する新しい企業戦略——』宣伝会議、2017年。
13） 平野和弘「八つの力」浦和商業高校定時制四者協議会編『この学校がオレを変えた 浦商定時制の学校づくり』ふきのとう書房、2004年、pp. 135-139。
14） 溝上慎一「理論的まとめと今後の課題」溝上慎一編 京都大学高等教育研究開発推進センター・河合塾編『どんな高校生が大学、社会で成長するのか』学事出版、2015年、pp. 197-204。
15） 溝上慎一『現代青年期の心理学——適応から自己形成の時代へ——』有斐閣、2010年。
16） 中澤篤史『そろそろ、部活のこれからを話しませんか』大月書店、2017年、p. 84。
17） 文部科学省「平成28年度全国体力・運動能力・運動習慣等調査を活用した運動部活動に関する調査結果の概要」。

18）　中澤篤史、前掲書、p.129。
19）　中澤篤史『運動部活動の戦後と現在』青弓社、2014年、p.50。
20）　例えば、参照。友添秀則編『運動部活動の理論と実践』大修館書店、2016年、神谷拓『対話でつくる教科外の体育』学事出版、2017年。
21）　文部科学省「小・中学校に通っていない義務教育段階の子供が通う民間の団体・施設に関する調査」（www.mext.go.jp/a_menu/shotou/tyousa/__icsFiles/afieldfile/2015/08/05/1360614_01.pdf、2018年3月31日最終確認）。
22）　文部科学省「平成27年度児童生徒の問題行動・不登校等生徒指導上の諸課題に関する調査」（www.mext.go.jp/b_menu/houdou/29/02/__icsFiles/afieldfile/2017/02/28/1382696_002_1.pdf、2018年3月31日最終確認）。
23）　中央教育審議会答申「幼稚園、小学校、中学校、高等学校及び特別支援学校の学習指導要領等の改善及び必要な方策等について」（2016年12月21日）（www.mext.go.jp/b_menu/shingi/chukyo/chukyo0/toushin/__icsFiles/afieldfile/2017/01/10/1380902_0.pdf、2018年3月31日最終確認）。

参 考 文 献

伊藤良高『幼児教育行政学』晃洋書房、2015年。
伊藤良高・伊藤美佳子『新版 子どもの幸せと親の幸せ――未来を紡ぐ保育・子育てのエッセンス――』晃洋書房、2017年。
伊藤良高・伊藤美佳子編『乳児保育のフロンティア』晃洋書房、2018年。
伊藤良高・宮﨑由紀子・香﨑智郁代・橋本一雄編『保育・幼児教育のフロンティア』晃洋書房、2018年。
日本保育ソーシャルワーク学会編『保育ソーシャルワーカーのおしごとガイドブック』風鳴舎、2017年。
大森直樹・中島彰弘編『2017 小学校学習指導要領の読み方・使い方』明石書店、2017年。
細尾萌子・田中耕治編『教育課程・教育評価』ミネルヴァ書房、2018年。
岩槻知也編著『社会的困難を生きる若者と学習支援』明石書店、2016年。
児美川孝一郎『まず教育論から変えよう』太郎次郎社エディタス、2015年。
竹内常一編、子安潤・坂田和子編著『学びに取り組む教師』（シリーズ教師のしごと4）高文研、2016年。
『全国夜間中学ガイド』学びリンク、2016年。
阿部真大『居場所の社会学　生きづらさを超えて』日本経済新聞社、2011年。
居神浩編著『ノンエリートのためのキャリア教育論』法律文化社、2015年。
おまかせHR研究会『これならできる主権者教育　実践アイディア＆プラン』学事出版、2016年。

平野和弘編著『オレたちの学校浦商定時制』草土文化、2008年。
宮本みち子編『すべての若者が生きられる未来を』岩波書店、2015年。
厚生労働省「平成28年（2016）人口動態統計（確定数）の概況」（http://www.mhlw.go.jp/toukei/saikin/hw/jinkou/kakutei16/index.html、2018年4月22日最終確認）。
女子栄養大学栄養教諭研究会『栄養教諭とはなにか──「食に関する指導」の実践──』女子栄養大学出版部、2005年。
松本敬子他著『養護教諭の授業づくり──基礎から実践まで──』東山書房、2001年。
三木とみ子編『これだけは知っておきたい　養護教諭の実践に活かす教育法規Ｑ＆Ａ』ぎょうせい、2009年。

第5章 総合的な学習の時間と教育課程

はじめに

　小学校、中学校では1998年に、高等学校では1999年に、「総合的な学習の時間」は創設された。総合的な学習の時間は、自ら学び自ら考える力などの「生きる力」をはぐくむことを目指す教育課程へと改革する際の目玉として大きな期待を背負い創設されたにもかかわらず、実践化に際しては、当初から教育現場で多くの誤解や混乱が生じ、学力低下に拍車をかけるものとして批判されることになった。

　2008年の学習指導要領改訂では、総合的な学習の時間に関する記述が総則から取り出され、独立章が設けられた。そこでは、総合的な学習の時間の特質や目指すところが目標として示され、この時間において育成する生徒の資質や能力及び態度が明確にされた。2017年改訂の新学習指導要領では、コンピテンシー・ベースのカリキュラムが示され、総合的な学習の時間は新課程において中核的な役割を果たすことが期待されている。本章では、学習指導要領の改訂を踏まえ、教育課程における総合的な学習の時間の位置付けを明確にし、その意義について考えてみたい。

1　総合的な学習の時間とは

　総合的な学習の時間は、「教科」ではなく、「領域」である。「教科」では、教育内容や方法、到達基準、評価方法が明確に示されているが、特別活動のような「領域」では、教科書もなく、具体的な教育内容や方法などは、教師の裁量に委ねられる部分が大きい。総合的な学習の時間は、各学校において創意工夫を生かした学習活動の展開が期待されており、またそれらの活動が教科の枠組みを超えたものであることから、「領域」であるべきなのである。

しかし、総合的な学習の時間が導入された当時、このことが教育現場において多くの誤解や混乱を招き、少なくない学校で、補充学習のような専ら特定の教科の知識・技能の習得を図る教育が行われたり、運動会の準備などと混同された実践が行われたりした結果、当初の趣旨が達成されないばかりか、総合的な学習の時間に対する批判が高まった。

2008年の改訂では、小学校で6年間に278時間、中学校で3年間に105時間、授業時数が増加するにもかかわらず、総合的な学習の時間の授業時数は縮減している。小学校では総合的な学習の時間が唯一の縮減となっており、中学校でも選択教科が標準授業時数の枠外での開設となったことを除けば、唯一の縮減となっている。この時数減は、総合的な学習の時間に対する批判を反映した結果なのであろうか。

これに対して、2008年の中央教育審議会答申は、「これまで総合的な学習の時間で行われることが期待されていた教科の知識・技能を活用する学習活動を各教科の中でも充実すること」としている。つまり、総合的な学習の時間では、「探究」を学習の基本とし、教科の時数増の多くの部分を、これまで総合的な学習の時間が担ってきた「活用」に充てることが期待された。これまで総合的な学習の時間にかかっていた負担を教育課程全体で担うことになったため、総合的な学習の時間が縮減されたのである（**表5-1、表5-2**）。

2017年改訂の新学習指導要領では、標準授業時数の変更はないものの、総合的な学習の時間を通してどのような資質・能力を育成するのかということを明らかにするとともに、これまで以上に総合的な学習の時間と各教科等の相互の

表5-1　総合的な学習の時間の標準授業時数（小学校）

	1年	2年	3年	4年	5年	6年	計
1998年版			105	105	110	110	430
2008年版			70	70	70	70	280
2017年版			70	70	70	70	280

表5-2　総合的な学習の時間の標準授業時数（中学校）

	1年	2年	3年	計
1998年版	70～100	70～105	70～130	210～335
2008年版	50	70	70	190
2017年版	50	70	70	190

かかわりを意識しながら、学校全体で育てたい資質・能力に応じたカリキュラム・マネジメントが行われることが求められている。

2　総合的な学習の時間とカリキュラム・マネジメント

　各学校において定める総合的な学習の時間の目標には、各学校が育てたいと願う生徒の姿や育成すべき資質・能力などを、各学校の創意工夫に基づき明確に示すことが期待されている。つまり、総合的な学習の時間は、学校教育目標との直接的な関係をもつ唯一の時間として位置づけられている。このため、各学校の教育目標を教育課程で具現化していくに当たって、総合的な学習の時間が各学校の教育目標を具体化し、そして総合的な学習の時間と各教科等の学習を関連付けることにより、総合的な学習の時間を軸としながら、教育課程全体において、各学校の教育目標のよりよい実現を目指していくことになる。

　総合的な学習の時間では「探究的な見方・考え方」すなわち「各教科等における見方・考え方を総合的に活用して、広範な事象を多様な角度から俯瞰して捉え、実社会・実生活の課題を探究し、自己の生き方を問い続ける」見方・考え方を働かせ、横断的・総合的な学習を行う。総合的な学習の時間は、教科等を越えた全ての学習の基盤となる資質・能力を育むとともに、各教科等で身に付けた資質・能力を相互に関連付け、学習や生活に生かし、それらが総合的に働くようにするものである。このような形で各教科等の学習と総合的な学習の時間の学習が往還することからも、総合的な学習の時間は教科等横断的な教育課程の編成において重要な役割を果たす（**図5-1**）。

　今回の学習指導要領改訂のポイントの1つであるカリキュラム・マネジメントにおいて、各教科等の教育内容を相互の関係で捉え、学校教育目標を踏まえた教科等横断的な視点で、その目標の達成に必要な教育の内容を組織的に配列していくことが求められている。この点において、総合的な学習の時間は各学校のカリキュラム・マネジメントの中核になることが明らかとなった。

　さらに、総合的な学習の時間を充実させていくために、小学校や高等学校等との接続を視野に入れ、連続的かつ発展的な学習活動が行えるよう目標を設定することも重要である。2016年の中央教育審議会答申において、「地域の活性化につながるような事例が生まれている一方で、本来の趣旨を実現できていない学校もあり、小・中学校の取組の成果の上に高等学校にふさわしい実践が十

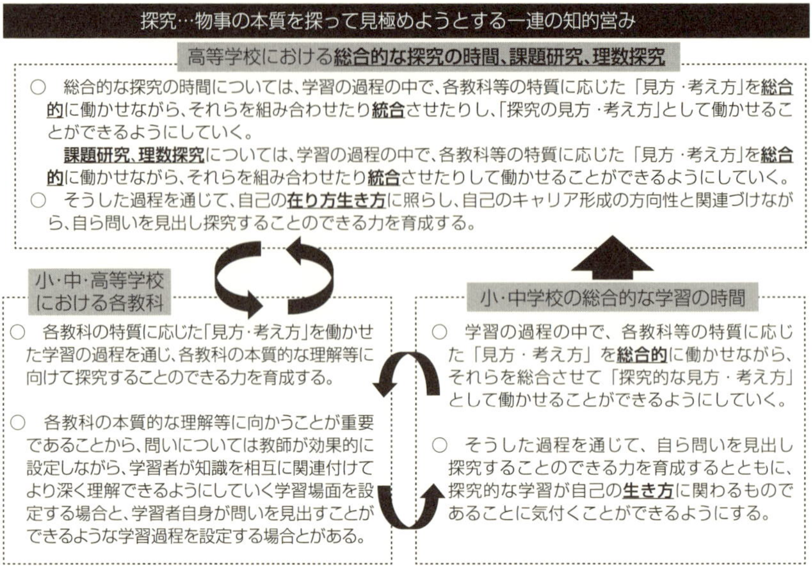
探究…物事の本質を探って見極めようとする一連の知的営み
高等学校における総合的な探究の時間、課題研究、理数探究
○　総合的な探究の時間については、学習の過程の中で、各教科等の特質に応じた「見方・考え方」を総合的に働かせながら、それらを組み合わせたり統合させたりし、「探究の見方・考え方」として働かせることができるようにしていく。
課題研究、理数探究については、学習の過程の中で、各教科等の特質に応じた「見方・考え方」を総合的に働かせながら、それらを組み合わせたり統合させたりして働かせることができるようにしていく。
○　そうした過程を通じて、自己の在り方生き方に照らし、自己のキャリア形成の方向性と関連づけながら、自ら問いを見出し探究することのできる力を育成する。
小・中・高等学校における各教科
○　各教科の特質に応じた「見方・考え方」を働かせた学習の過程を通じ、各教科の本質的な理解等に向けて探究することのできる力を育成する。
○　各教科の本質的な理解等に向かうことが重要であることから、問いについては教師が効果的に設定しながら、学習者が知識を相互に関連付けてより深く理解できるようにしていく学習場面を設定する場合と、学習者自身が問いを見出すことができるような学習過程を設定する場合とがある。
小・中学校の総合的な学習の時間
○　学習の過程の中で、各教科等の特質に応じた「見方・考え方」を総合的に働かせながら、それらを総合させて「探究的な見方・考え方」として働かせることができるようにしていく。
○　そうした過程を通じて、自ら問いを見出し探究することのできる力を育成するとともに、探究的な学習が自己の生き方に関わるものであることに気付くことができるようにする。

図５－１　発達の段階や教科・領域の特質に応じた探究のイメージ

出所）文部科学省 HP（http://www.mext.go.jp/component/b_menu/shingi/toushin/__icsFiles/afieldfile/2017/01/20/1380902_3_3_1.pdf、2018年３月23日最終確認）。

分展開されているとは言えない状況にある」と指摘されているように、高等学校における総合的な探究の時間の位置付けを明確にしていくことが求められている。

3　総合的な学習の時間で育成を目指す資質・能力

カリキュラム・マネジメントの中核となることが期待される総合的な学習の時間において、どのような資質・能力を育成していくことが必要なのだろうか。新学習指導要領では、総合的な学習の時間で育成を目指す資質・能力について、他教科等と同様に、総則に示された「知識及び技能」「思考力・判断力・表現力等」「学びに向かう力、人間性等」という３つの柱から明示された。各学校におけるこれまでの成果を生かし、総合的な学習の時間を今後更に充実させていくために、新学習指導要領で示された総合的な学習の時間で育成を目指す資質・能力について整理しておく必要がある。

第5章　総合的な学習の時間と教育課程

　2008年の改訂で、総合的な学習の時間を、教科等の枠を超えた横断的・総合的な学習とすることと同時に、探究的な学習や協同的な学習とすることが重要であることを明示した。特に、探究的な学習を実現するため、「課題の設定→情報の収集→整理・分析→まとめ・表現」の探究のプロセスを明示し、学習活動を発展的に繰り返していくことを重視した。新学習指導要領においても、この探究の各プロセスにおける取組をより一層充実させ、3つの柱で示された資質・能力を育成していくことが求められている（**図5-2**）。

　ここでは、新学習指導要領で示された総合的な学習の時間における「知識及び技能」「思考力・判断力・表現力等」「学びに向かう力、人間性等」について分析を試みたい。総合的な学習の時間における「知識」は、それぞれの課題に関する事実的知識が獲得され、事実的知識は探究のプロセスが繰り返され、連続していく中で、何度も活用されて発揮されていくことで、構造化され、体系化された概念的知識へと高まっていく。「技能」についても、探究のプロセス

	課題の設定	情報の収集	整理・分析	まとめ・表現
学習方法	■複雑な問題状況の中から適切に課題を設定する ■仮説を立て、検証方法を考え、計画を立案する	■目的に応じて手段を選択し、情報を収集する ■必要な情報を収集し、多角的に分析する	■複雑な問題状況における事実や関係を把握し、自分の考えを持つ ■視点を定めて多様な情報を分析する ■課題解決を目指して、事象を比較したり、因果関係を推測したりして考える	■相手や目的、意図に応じて論理的に表現する ■学習の仕方や進め方を振り返り、学習や生活に生かす
探究活動と自分自身	○課題に誠実に向き合い、課題の解決に向けて探究活動に主体的に取り組もうとする（主体性） ○自分のよさを生かしながら探究活動に向き合い、責任をもって計画的に取り組もうとする（自己理解） ○探究的な課題解決の経験を自己の成長と結び付けて考えることができ、次の課題へ積極的に取り組もうとする（内面化）			
探究活動と他者や社会	○互いの特徴を生かすなど、課題の解決に向けて探究活動に協同的に取り組もうとする（協同性（協働性）） ○異なる意見や他者の考えを受け入れながら探究活動に向き合い、互いを理解しようとする（他者理解） ○探究的な課題解決が社会の形成者としての自覚へとつながり、積極的に社会活動へ参加しようとする（社会参画、社会貢献）			
知識	実社会の課題に関する事実的知識(※)の獲得　　　　　概念的知識(※)の形成 ※総合的な学習の時間で扱う内容は各学校において定めることとなっているため、知識の具体は各学校において異なる。			
技能	課題設定のスキル ＞ 情報収集のスキル ＞ 思考のスキル（比較・分類・関連付け・多面的） ＞ 表現のスキル			

■知識は、学校種が上がるほど高度化・構造化する　　■技能は、思考スキルを中核とし、学校種があがるほど自覚化・脱文脈化する

図5-2　総合的な学習の時間の学びの過程のイメージ（中学校）

出所）文部科学省HP（http://www.mext.go.jp/component/b_menu/shingi/toushin/__icsFiles/afieldfile/2017/01/20/1380902_3_3_1.pdf、2018年3月23日最終確認）。

における必要感のなかで、注意深く体験を積んで、徐々に自らの力でできるようになり身体化されていくのである。

　総合的な学習の時間における「思考力・判断力・表現力等」については、2008年改訂時に3つの視点が示されたが、「学習方法に関すること」として育成を目指していた資質・能力と対応している。具体的には、身に付けた「知識及び技能」の中から、当面する課題の解決に必要なものを選択し、状況に応じて適用したり、複数の「知識及び技能」を組み合わせたりして、適切に活用できるようになっていくことである。

　総合的な学習の時間における「学びに向かう力、人間性等」は、2008年改訂時に示された残り2つの視点「自分自身に関すること」「他者や社会との関わりに関すること」として育成を目指していた資質・能力と対応している。つまり、主体性や自己理解、内面化といった自分自身に関する資質・能力であり、協同性や他者理解、社会参画・社会貢献といった他者や社会とのかかわりに関する資質・能力である。これら育成を目指す資質・能力の3つの柱は、個別に育成されるものではなく、探究のプロセスにおいて、相互にかかわり合いながら高められていくものとして捉えることが重要である。

おわりに

　全国学力・学習状況調査の分析等において、総合的な学習の時間で探究のプロセスを意識した学習活動に取り組んでいる児童生徒ほど各教科の正答率が高い傾向にあることが明らかになった。一方、算数・数学及び理科の教育到達度を国際的な尺度によって測定するTIMSSの調査結果では、日本は上位を維持しているにもかかわらず、中学校において「授業が日常生活に役立つとは思わない」という意見をもつ割合が諸外国より高い。また、様々な調査で日本の子どもたちの自己肯定感が諸外国に比べて低いことなども明らかになっている。

　総合的な学習の時間ならではの学習活動の特質を生かすことによって、これらの課題に応えていくことができるものと考えている。総合的な学習の時間において、各教科における見方・考え方を総合的に活用し、実社会・実生活の中にある複雑な問題状況の解決に取り組むことで、子どもたちは自らの学習に意味を見出し、各教科の授業が日常生活に役立つという実感を持つことができるのではないだろうか。また、自己肯定感は他者から認められることによって高

められていく。その意味において、多様な他者と協働したり対話したりしながら活動を展開する総合的な学習の時間は、児童生徒が自己肯定感を高めることができる時間とすることができるのではないだろうか。新課程において、総合的な学習の時間がこれらの期待に応えるためには、これまでの実践を新学習指導要領と照らし合わせ、再度分析・検証していくことが求められる。

│演習問題│
1．総合的な学習の時間の教育課程上の位置付けについて説明してみよう。
2．総合的な学習の時間で育成を目指す資質・能力についてまとめてみよう。
3．総合的な学習の時間に期待される役割について考えてみよう。

参 考 文 献
大杉昭英『中央教育審議会答申 全文と読み解き解説』明治図書、2017年。
田村学編著『平成29年版小学校新学習指導要領の展開 総合的な学習編』明治図書、2017年。
田村学編著『平成29年版中学校新学習指導要領の展開 総合的な学習編』明治図書、2017年。
無藤隆他編『中教審答申解説2017「社会に開かれた教育課程」で育む資質・能力』ぎょうせい、2017年。
文部科学省『小学校学習指導要領(平成29年告示)解説 総合的な学習の時間編』東洋館出版社、2018年。
文部科学省『中学校学習指導要領(平成29年告示)解説 総合的な学習の時間編』東山書房、2018年。

第6章　教育課程と学習評価・学力テスト

はじめに

　学校において教育を行う以上、学習評価を行わなければならない。現在学習評価に関しては通知表（児童生徒に直接渡されるものであるが、法的根拠はない。名称も学校によって異なる）、指導要録（保存義務が法令で規定されている）、調査書（内申書とよばれることが多い、入試のための資料とすることができることが法令で定められている）の3種の文書が存在する。指導要録に関しては「参考様式」がつくられるゆえ、その様式に調査書や通知表が連動することは多い。

　学習指導要領の改訂は、学習目標および学習目標の達成に応じてどのように学習評価を行うかを改めることをも意味する。本章では、2017年版学習指導要領における「学習評価」および、近年の「学力テスト」に関する動向を扱う。

1　学習指導要領と学習評価

　2017年学習指導要領改訂前に発表された、中央教育審議会教育課程部会の「審議のまとめ」では以下の記述がある。

> 　学習評価は、学校における教育活動に関し、子供たちの学習状況を評価するものである。「子供たちにどういった力が身に付いたか」という学習の成果を的確に捉え、教員が指導の改善を図るとともに、子供たち自身が自らの学びを振り返って次の学びに向かうことができるようにするためには、この学習評価の在り方が極めて重要であり、教育課程や学習・指導方法の改善と一貫性を持った形で改善を進めることが求められる。
> 　子供たちの学習状況を評価するために、教員は、個々の授業のねらいをどこまでどのように達成したかだけではなく、子供たち一人一人が、前の

学びからどのように成長しているか、より深い学びに向かっているかどうかを捉えていくことが必要である。

　上記は2017年学習指導要領の改訂方針と一致しているといえることである。子どもに「何が身に着いたか」に力点があり、「学び」によって「次の学び」にむかえることができるのか、より深い学びにつなげることができるのか、といった点に力点をおいている。
　2017年版学習指導要領は、学習評価に関しては、「学習評価の充実」の項目があり、以下の記述がある。

　学習評価の実施に当たっては、次の事項に配慮するものとする。
(1) 児童のよい点や進歩の状況などを積極的に評価し、学習したことの意義や価値を実感できるようにすること。また、各教科等の目標の実現に向けた学習状況を把握する観点から、単元や題材など内容や時間のまとまりを見通しながら評価の場面や方法を工夫して、学習の過程や成果を評価し、指導の改善や学習意欲の向上を図り、資質・能力の育成に生かすようにすること。
(2) 創意工夫の中で学習評価の妥当性や信頼性が高められるよう、組織的かつ計画的な取組を推進するとともに、学年や学校段階を越えて児童の学習の成果が円滑に接続されるように工夫すること。

　上記のうち(1)は、1998年版学習指導要領以来、同様の記述が存在する。児童・生徒の「進歩の状況」を評価する、すなわち「個人内評価」を通して、学習意欲の向上をはかることがいわれている。なお、今回の学習指導要領改訂で導入された「特別の教科　道徳」では、年ごとに「学習状況及び道徳性に係る成長の様子」を文書記述で評価することとなる。道徳科に関する文部科学省通知（2016年7月29日）では、「児童生徒がいかに成長したかを積極的に受け止めて認め、励ます個人内評価として記述式で行うこと。」とある。児童生徒1人1人の「成長」をいかに記述するか、「客観視」することは可能なのか、という問題は残っている。「道徳的価値の理解を自分自身とのかかわりのなかで深めているか」といっても、例えば児童生徒の「思いやりの心の成長」を文章や発言から評価することは困難といわざるをえないであろう。

(2)に関しては、妥当性（評価すべきことを、実際に評価できているかどうか）、信頼性（安定性、一貫性のある評価をすることができているか）という語句が今回の改定で入ったこととなる。妥当性および信頼性を担保できた教育評価をどうやって行うのか。多くの大学の教員養成課程にはそのような学習をする時間はとられていない。

「学力の三要素」が強調されるなかで、今後、指導要録「観点別評価」はこれまで4つの観点から行われていたのが、「知識・技能」「思考力・判断力・表現力等」「主体的に学習に取り組む態度」の3つにまとめられることが予想される。身につけるべき「思考力・判断力・表現力」が明確にされた以上、作問および採点にコストがかかることが予想される。従来から「関心・意欲・態度」を公正に評価することが可能なのかという問題点は指摘されていた。今後「主体的に学習に取り組む態度」という項目になることが考えられるが、児童生徒が「主体的」であるかをどのように公正に評価するのか、という問題性は依然として残されたまま、ということある。

2 「学力テスト」をめぐる動向

1 国内学力調査

「全国学力・学習状況調査」（以下、「全国学力テスト」と呼ぶ）は2007年度から、小学6年生・中学3年生を対象に行われている。参加率は、2017年度では国公立学校の参加率は100％、私立学校の参加率は49.5％である。

国語、算数（数学）は、A問題とB問題にわかれ、A問題は「主として『知識』に関する問題」、B問題は「主として『活用』に関する問題」である。

現在のところ結果の全国および、県別の平均点は公開されている。市町村別、学校別のデータは、都道府県教育委員会が市町村教育委員会の同意をえられた場合は、当該市町村名や学校名を明らかにして平均点を公表することは可能である。また、市町村委員会や学校の判断での公開も可能である。

現時点では、学校別のデータは公開していないことが多い。一方で、大阪市内の小学校・中学校は学校別の平均点を、教育委員会の指示によりホームページなどで公開している。大阪市内においては、学校選択制度を導入している区もあり、公立学校を選択する際の資料として平均点を見ることも可能である。

調査結果の公表について文部科学省は、「調査結果の公表を行う教育委員会

又は学校においては、単に平均正答数や平均正答率などの数値のみの公表は行わず、調査結果について分析を行い、その分析結果を併せて公表すること。さらに、調査結果の分析を踏まえた今後の改善方策も速やかに示すこと。」と述べている。

　ここでは問題点を指摘しておきたい。上記のとおり、「調査結果の分析や今後の改善方策」を示すことがいわれてはいるものの、公表されると報道等において注目されるのは「点数」という「結果」ばかりという傾向があることである。平均点をあげることが目的となる、したがって平常の学習が「過去問」を解くために利用され、テストに慣れさせるという時間に使用されてしまい、平常の学習に支障をきたすことがありうる。

　テストレジーム、「テストを中心に学校が動いている」、「自分のクラスの、あるいは学年・学校のテスト結果に神経をとがらせなければならない局面が明らかに増えている。[3]」という指摘が行われるようになった。教育基本法改正第17条第2項で、地方自治体にも「教育の振興のための施策に関する基本的な計画」を制定することが努力義務となった。大阪市教育振興基本計画（2013年）は2015年度までに、全国学力テストの「知識に関する問題の正答率8割以上の児童生徒の割合：全国平均以上」など、学力テストに関する数値目標に挙げている（達成はできなかった）。他の自治体にも同様の問題が生じていることは報道されている。

2　国際学力調査

　日本も参加する学力の国際比較にかかわる調査は、国際教育到達度評価学会（IEA）が行う国際数学・理科教育動向調査（TIMSS, Trends in International Mathematics and Science Study）および、OECDが進めているPISA調査（Programme for International Student Assessment）がある。

　TIMSS調査は、1995年から4年ごとに行われている。「数学」「理科」について、小学4年生と中学2年生を対象にしている。「教育到達度を国際的な尺度によって測定し、児童・生徒の学習環境条件等の諸要因との関係を分析する[4]」ものである。平均得点の推移は**表6-1**のとおりである。

　PISA調査は、2000年から3年ごとに行われている。「読解リテラシー」「数学的リテラシー」「科学的リテラシー」について、高校1年生を対象にしている。「リテラシー」とは、「社会的な自立をめざして、文化を読み解き、再構成

表6-1　TIMSS調査の平均得点

	1995	1999	2003	2007	2011	2015
小学校4年生算数	567	未実施	565	568	585	593
小学校4年生理科	553	未実施	543	548	559	569
中学校2年生数学	581	579	570	570	570	586
中学校2年生理科	554	550	552	554	558	571

出所）国立教育政策研究所編『算数・数学教育／理科教育の国際比較』明石書店、2017年。

表6-2　PISA調査における日本の得点

	2006	2009	2012	2015
科学的リテラシー	531	539	547	538
読解力	498	520	538	516
数学的リテラシー	523	529	536	532

出所）国立教育政策研究所編『生きるための知識と技能 6』明石書店、2016年。

する能力」[5]と定義できるであろう。PISA調査は「これまでに身に付けてきた知識や技能を、実生活の様々な場面で直面する課題にどの程度活用できるかを測る」[6]ものである。OECDが2013年に「キー・コンピテンシー」という概念を提唱したが、そこであげられているカテゴリー「言語、シンボル、テクストを相互作用的に用いる」「知識や情報を相互作用的に用いる」との共通性があるといえる[7]。学習指導要領が2017年改訂によりコンテンツ（内容）からコンピテンシー（技能・能力）へシフトを移したといわれるが、PISAの評価のほうに親和性が強くなるとは考えられる。平均得点の推移は**表6-2**の通りである。

　TIMSS調査では年次をこえて比較可能なように得点が調整されている。PISA調査ではここ10年ほどのあいだ、OECD加盟国の平均点は大きく変化してはいない。TIMSS調査、PISA調査の結果をみるかぎり、日本の得点はOECD加盟国のなかでいずれも上位にあり、危機的な状況にあるとはいえない。上記の表でみると「読解力」のみの得点の下がりが大きい理由は定かではない。PISAの測定するコンピテンシーが果たして妥当かという議論もある。

　TIMSS調査において「算数（数学）」「理科」が好きかという児童生徒の割合は、特に中学2年生になると低下している。また、PISA調査において、「科学の楽しさ指標」（「科学の話題について学んでいるときは、たいてい楽しい」「科学についての本をよむのが好きだ」という生徒の割合）などでみると、日本はOECD平均を大きく下回る、などの問題は存在している。生涯学習社会といわれるなか、

特に中等教育の年齢になると学習への興味が低下するという結果がでていることは問題視しなければならないであろう。

　ここでは、国際学力調査からみることを通して浮かび上がる、日本の学力調査の問題点をあげておく。第1には学力が短期間で変動するとは考えにくく、また悉皆(しっかい)調査の必要があるとは思えないことである。第2には、ごくわずかな数値の差異を問題にしていることである。2016年まで平均点の小数点第1位まで公表されていたのが、2017年度より整数値で公表するようになった。平均点の1点の差には大きな意味があるとは考えにくいことは議論の前提にしなければならない。第3には平均点の男女別統計がとられていないことである。数学は男子、国語は女子の平均点が高いことが多いが、学校におけるジェンダー差の問題が考慮されていないといえよう。

おわりに

　学力テストの結果（それも順位や点数のみ）が独り歩きし、議論されがちな傾向があることは、国内学力調査・国際学力調査の双方に関して妥当するといわざるを得ないであろう。

　今回の学習指導要領改訂で明記された「妥当性」「信頼性」であるがそれぞれの高い作問をするには、それなりのコストがかかることに留意しなければならない。断片的知識を「再生する能力」だけが「学習評価」される傾向が続いていくと、学習に対する意欲が学年進行とともに低下していくのはむしろ正常と考えられる。

　近年、大学者入学者選抜に関する議論も行われている。「大学入学者選抜は、知識の暗記・再生に偏りがち」であり「真(しん)の『学力』が十分に育成・評価されていない。」という指摘を中央教育審議会答申（2014年12月22日）は行っている。「知識の暗記・再生に偏りがち」なテストを行う傾向は、国公立大学・私立大学双方で入学者選抜によほどのコストをかけないかぎり排除できないと思われる。

[演習問題]
1．自分が教師になったと仮定して、テストを作問するときにはどのようなことに気をつけるべきか、考えてみよう。

2．日本で学力テストを行うこと、結果を公開することに関してメリットやデメリットをかんがえてみよう。
3．国際学力調査について、さらに調べてみよう。

注
1） 道徳教育に係る評価等の在り方に関する専門家会議「『特別の教科　道徳』の指導方法・評価について」2016年。
2） 参照。「指導と評価の改善について」(http://www.mext.go.jp/b_menu/shingi/chukyo/chukyo3/058/siryo/__icsFiles/afieldfile/2016/03/23/1367581_6.pdf、2018年2月12日最終確認)。
3） 志水宏吉「2013年大阪学力調査」志水宏吉・高田一宏編『マインド・ザ・ギャップ』大阪大学出版会、2016年、pp.3-4。
4） 文部科学省　国際学力調査（http://www.mext.go.jp/a_menu/shotou/gakuryoku-chousa/sonota/1344324.htm、2018年2月12日最終確認)。
5） 田中耕治「学力と評価の新しい考え方」『新しい学力テストを読み解く』日本標準、2008年、p.16。
6） 文部科学省、前掲。
7） 内田沙希「これからのカリキュラムと授業」佐藤博志編『クリエイティブな教師になろう』学文社、2018年、pp.30-48、参照。

参考文献
辰野千尋他『教育評価事典』図書文化、2006年。
田中耕治『新しい学力テストを読み解く』日本標準、2008年。
田中耕治編『よくわかる教育評価〔第2版〕』ミネルヴァ書房、2010年。

第7章　教育課程の評価と経営

はじめに

　学校における教育活動の計画の総体という意味の「教育課程」に対して、「カリキュラム」は、計画レベルだけでなく、実施レベル、結果レベルまでを含むものであるものと説明されることがある。しかし戦後、文部省による新教育政策の下で「教育課程評価」が論じられた際は、教師による活動や教育課程の展開（すなわち実施レベル）、子どもたちの学習成果（すなわち結果レベル）までを評価対象として含みこむものとして構想され、「カリキュラム評価」とも呼ばれており、もともと評価の分野ではこの2つの概念は重なり合うものだった。

　近年は、教育及び学校の多様化の方向性の下で公教育の一定の水準保証をし、子どもの学習権を保障する文脈で再びその重要性が指摘されている。そのため、本章では特に評価に着目して教育課程経営すなわちカリキュラム・マネジメントについて論じていく。本章では、まず制度上の教育課程の評価と経営に関する規定を確認し（1）、次に教育課程経営の中でも評価が特に重要視されていることを述べ（2）、最後に評価において重要な視点について説明する（3）。

1　制度上の教育課程の評価と経営

　学校が担う公教育作用は、教育基本法成立時より、「不当な支配に服することなく」（教育基本法旧10条1項、新16条1項）各校にて自主的・自律的に行われるものと考えられてきた。このことを「学校の教育自治」と呼ぶ。そして、その中核となるのが教育課程経営である。特に、その学校の教育目標達成に直結する「教授・学習過程」すなわち授業場面と、その過程の条件整備を整えるための「経営・管理過程」すなわち学校の人的・物的・財的条件の整備・管理場面とをつなぐものとして、教育課程経営が重要なのである。

こうした教育課程経営についても「学校の教育自治」概念が貫徹することは、学習指導要領上に示されている。「教育課程の基準」（学校教育法施行規則52条等）である学習指導要領の中で、教育課程の編成主体は、校長に代表される「各学校」であることが明記されているのである。加えて、2017年3月に告示された新学習指導要領では、「各学校においては、校長の方針の下に、校務分掌に基づき教職員が適切に役割を分担しつつ、相互に連携しながら、各学校の特色を生かしたカリキュラム・マネジメントを行うよう努めるものとする。」ことが述べられた。「カリキュラム・マネジメント」には以下の3つの側面がある。

・児童や学校、地域の実態を適切に把握し、教育の目的や目標の実現に必要な教育の内容等を教科等横断的な視点で組み立てていくこと、
・教育課程の実施状況を評価してその改善を図っていくこと、
・教育課程の実施に必要な人的又は物的な体制を確保するとともにその改善を図っていくこと（小学校学習指導要領・第1章総則）

このように近年、教育課程の在り方を見直す評価の必要性が叫ばれている。

2 教育課程の評価を中心とした教育課程経営

教育課程評価が初めて提起された1950年頃、評価実施には教職員の大きな負担が伴い、また評価の基準となる目指すべき教育像が明確ではなく、教育課程の展開以前の教育条件が整っていなかったため、評価は十分に根付かなかった。しかし、1970年代以降の学校経営学・教育経営学の発展の中で、計画（Plan）―実施（Do）―評価（Check）―改善（Action）というPDCAサイクルにおける一局面として学校評価あるいは教育課程評価が唱えられるようになった。

1980年代の臨時教育審議会が提起した「個性重視の原則」への転換を受け、特に1990年代後半以降、学校の多様化を進める教育特区や教育課程特例校制度、「総合的な学習の時間」創設、研究推進校制度拡大などが行われた。その一方で、どの学校に通う子どもたちもその学習権が十分に保障されるように、各校の教育活動が一定の教育水準を満たしていることを担保するために、授業評価・学校評価などに含まれる形で教育課程評価の実施が求められてきた。

例えば、2002年に小学校学校設置基準が制定された際に学校評価の実施が努

力義務化され、具体的な評価の視点や方法を示すために2006年「義務教育諸学校における学校評価ガイドライン」を文部科学省は発表した。これは、2008年、2010年に改訂され、現在は「学校評価ガイドライン〔平成28年度版〕」が最新版となっている。この間に、2007年、学校教育法が改正され、学校評価の実施が義務化された。最新版ガイドラインにおいては、教育課程領域に関する評価視点として、「学校の教育課程の編成・実施の考え方についての教職員間の共通理解の状況」や「児童生徒の学力・体力の状況を把握し、それを踏まえた取組の状況」など教師の取組が中心的に例示されている。「学力調査等の結果」など学習成果は評価対象そのものではなく「（データ等）」などとして、評価の際の参考資料として位置付けられているに過ぎない。

こうした経緯・仕組みからしてもわかる通り、教育課程評価はその学校の教育課程や教育活動の良し悪しの判定やそこに所属する子どもたちの学力の良否の判定、教職員の給与の査定のために用いられるのは適切ではない。評価を踏まえて教育課程とそれにかかわる学校の取組を見直し、改善していく、すなわち「改善のための評価」として教育課程評価が行われる必要がある。

そこで現在、改善のための評価を志向する教育課程経営のモデルとして、「評価を核としたマネジメントサイクル」が提起されている。以前は、PDCAサイクルという呼称の通り、計画策定（P）段階が最も重視され、そこから始まるサイクルで教育課程経営が行われるのが一般的であった。しかし、教育課程は前年度の反省を踏まえて修正・改善していくものと考えれば、むしろ評価（C）段階から改善（A）・計画（P）段階への繋がりこそが重要である（**図7-1**）。

こうした考えから、カリキュラム・マネジメント研究の第一人者である中留武昭は、See（評価）— Plan（計画）— Do（実施）というS—P—Dサイクルを提唱していたし、田村知子はより評価から計画までの一体性を重視したCAP—D（キャップドゥ）サイクルを提案している。また、田中博之は、より事前診断という性格を強く打ち出したResearch（診断）を毎年の年度末あるいは年度当初におくR-PDCAサイクルを提起している。事前診断の内容としては学力調査や保護者・児童生徒へのアンケート、先進校の研究資料などが挙げられており、「学力向上」へ向けたより踏み込んだ取組を行うことが意図されている。

いずれのモデルでも、CあるいはRという段階において、Pの改善につながる評価や診断の取組がサイクルの中心となっているのが特徴である。すなわち、評価や診断は、学校の取組に対する「総括的評価」という従来から言われてき

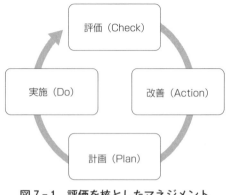

図7-1 評価を核としたマネジメントサイクル

た役割に加えて、教育課程編成に向けた事前の「診断的評価」、取組途中でも柔軟に教育課程編成・実施の在り方を変更していくための「形成的評価」の役割を併せ持つものとしてサイクルの中に位置づけられる。

3 教育課程の評価と編成

それでは、具体的に教育課程の評価・診断をいかに編成につなげていけばよいのか。評価の視点を細かく上げていけば切りがないが、大きく3つの視点は踏まえる必要があるだろう。

第1に、国や地方レベルでの教育課程編成指針を適切に踏まえているかどうかである。教育課程といえば、通常は各学校において編成されている教育計画を指すが、こうした教育課程は、国レベルのカリキュラムを基礎とし、地方レベルのカリキュラムをも踏まえた上に成り立っていると考えられる。これを「カリキュラムの三層性」[7]とよぶ。

例えば、国レベル、すなわち「ナショナルカリキュラム」とも呼べるものとして、どの学校においても目指すべき教育目的・教育目標は主に教育基本法に明記されており、学校種ごとの目的・目標は主に学校教育法に示されている。それに加えて、各学校において設置する教科名や各教科で年間に確保すべき授業時数は学校教育法施行規則において示されており、各教科の教育目標やそれを達成するための指導内容・方法については学習指導要領に提示されている。

学習指導要領の法的基準性には争いはあるものの、基本的に学習指導要領に示されていることは「最低基準」であるため、学校としてはきちんと踏まえる必要がある。さらには、教育振興基本計画・学校安全の推進に関する計画などの教育内容にかかわる計画や、いじめ防止対策推進法・義務教育の段階における普通教育に相当する教育の機会の確保等に関する法律・食育基本法などの法律も「ナショナルカリキュラム」としての要素を含んでおり、こうした法制度の規定に教育課程が沿っているかどうかも確かめる必要がある。

また、都道府県や市町村など、地域における教育課程行政が独自に進められていることにも注意を払わなければいけない。例えば、横浜市では、2008年に「横浜版学習指導要領」を策定し、それを踏まえた「授業改善ガイド」や「授業づくりガイド」などを幅広く発表している。また、新潟県上越市でも、「上越カリキュラム」と称して「すべての学校が取り組まなければならないカリキュラムについての研究やモデル開発、研修などを行う機能」を文書化している。こうした地域独自の「ローカルカリキュラム」の他にも、各自治体が策定する教育振興基本計画や知事・市町村長による教育大綱、また個別の教育政策にも目を向ける必要がある。例えば、千葉県教育委員会により近年に策定されたものだけに目を向けても、「第3次千葉県食育推進計画」（2016年12月）、「千葉県オリンピック・パラリンピックを活用した教育の取組方針」（2017年4月）、「平成29年度人権教育の推進目標及び重点事項（学校人権）」（2017年5月）、「第2次千葉県特別支援教育推進基本計画」（2017年10月）、「千葉県いじめ防止基本方針」（2017年11月改訂）などと多数ある。道徳や社会科などでは地域独自の教材が刊行されている例もある。

第2に、その学校に通う子ども・保護者のニーズに即しているかである。その地域の特性は十分に踏まえていたとしても、校区や学校、学年により抱えている教育課題は異なる。学力・体力調査などを実施し分析することでそうした教育課題を適切に把握することはもちろん、教職員のみならず子どもや保護者へのアンケートを行うなど、その生の声を聴くことが必要である。

第3に、教育課程において、人的・物的・財務的視点に基づく計画が適切にあるかどうかである。指導計画を実施していく際に、当然のことではあるが、その授業を担当する教員の配置や教材、そしてその教材の費用負担の視点は不可欠である。米作りを総合的な学習の時間で行うとしても、ある作業を行うにあたっては校内の教職員に協力を仰ぐ必要性があったり、また農家である地域

住民や保護者に指導や協力を求めることもあるだろう。また、田植えや収穫に必要な道具、苗、肥料などは学校にどれだけそろっているか、新しく買う場合は公費で負担できるのかどうなのか、苗はどのルートから手に入れると丈夫で育てやすくまた割安なのかを予め考慮しておくことが必要である。時として、米の収穫量が少なかった場合には調理の際に米を買い足すという事例もあるので、そうした点も見通しておきたい。地域社会とつながりながらカリキュラムの人的・物的・財務的側面をも考慮する、いわば「コーディネーター」としての役割を担うことができる教員は、「社会に開かれた教育課程」の理念に立つ新学習指導要領においてますます求められているといえる。

おわりに

現在求められている教育課程の評価と経営のプロセスには教師の参加が不可欠である。学校全体で策定する年間指導計画として年間行事計画や保健・安全関係、食育関係、特別支援教育関係などがある。これらの編成や実施・評価などが「学校教育課程経営」と呼ばれる次元である。ここは主に教頭や教務主任等が主体的に役割を担っていくと考えられるが、その全体計画の下で、「各学年教育課程経営」―「学級経営ないし教科経営」という2つの次元があり、ここでは各教員の主体的・自律的な教育課程経営への参加が重要となる。踏まえるべきナショナルカリキュラム・ローカルカリキュラムは多々あるが、これらに従うのみではなく、「教師主体によるカリキュラム開発[8]」が求められている。

学校現場の多忙が叫ばれる中で、評価活動は負担が大きいとの声もある。しかし、「評価のための評価」ではなく「改善のための評価」を意図していくことで、それは教育活動の質の向上、ひいては子どもたちの学習権保障につながる。

> 演習問題
> 1. 評価を核としたカリキュラム・マネジメントの在り方について調べてみよう。
> 2. 住んでいる地域の「ローカルカリキュラム」を調べてみよう。
> 3. 授業案を考える中で、それに必要な教材とその準備計画も立ててみよう。

注
1) 安彦忠彦『教育課程編成論』放送大学出版会、2006年、p. 12。
2) 兼子仁『教育法〔新版〕』有斐閣、1978年、pp. 415-460。
3) 安彦、前掲書、pp. 133-134。
4) 安彦、前掲書、p. 136。
5) 田村知子・村川雅弘・吉富芳正・西岡加名恵編『カリキュラムマネジメントハンドブック』ぎょうせい、2016年、p. 68。
6) 中留武昭・曽我悦子『カリキュラムマネジメントの新たな挑戦』教育開発研究所、2015年。田村他、前掲書。田中博之『カリキュラム編成論』放送大学出版会、2013年。
7) 島田和幸「学校におけるカリキュラム編成」山田雅彦編『教師のための教育学シリーズ6　教育課程論』学文社、2016年、p. 74。
8) 椋木香子「教育課程の編成原理」鈴木由美子編『教師教育講座第6巻　教育課程論』協同出版、2014年、p. 110。

参 考 文 献
久保研二「教育課程の評価」鈴木由美子編『教師教育講座第6巻　教育課程論』協同出版、2014年、pp. 85-100。
堀井啓幸「教育課程経営と教員」黒川雅子・武井哲郎・坂田仰編『教育課程論』教育開発研究所、2016年、pp. 142-154。
米津美香「カリキュラム評価」山田雅彦編『教師のための教育学シリーズ6　教育課程論』学文社、2016年、pp. 113-130。

第8章 諸外国の教育課程

1 アメリカの教育課程

　アメリカの学校教育制度は、州や地域によって大きく異なるという特徴をもつ。そのため、一口に「アメリカの教育課程」と言っても、その内容や実態は様々である。以下では、そうしたアメリカの教育課程の仕組みや動向について見ていきたい。

1　アメリカの教育課程制度と教育観

　アメリカには国家全体で統一された学校教育制度がない。各州の統括のもと、それぞれの地域（学区）の教育委員会が責任をもって学校教育を運営するという「ローカル・コントロール（local control）」の考え方が基盤に据えられているためである。学校段階も、8―4制、6―3―3制、5―3―4制、6―6制など州や学区で異なる（図8-1）。

　教育課程についても、一般に英語、算数／数学、理科、社会科、外国語、芸術（音楽・美術など）、体育といった科目が設けられることが多いが、国家レベルでの統一基準は存在しない。そのためどの学年でいかなる科目を設けるのかといった基準は、州や学区で異なる。高校の社会科を例にとれば、多くの州で米国史は必修となっている（単独科目として設けられる場合もあれば、社会科の中の一領域に含まれる場合もある）一方、世界史や地理、公民科などは卒業要件に含まない州もある。教科書制度も一律でなく、州が使用可能な教科書の一覧を作成する州もあれば、各学区・学校が自由に教科書を選べる州もある。

　このように州や地域で大きく異なる様相を見せるアメリカの教育課程だが、学校に期待される役割や、子どもに身につけてほしい力は、どのように考えられているのだろうか。今日のアメリカで学校教育に期待される目標や成果は、しばしば「大学と職業への準備（college and career readiness）」という表現で語ら

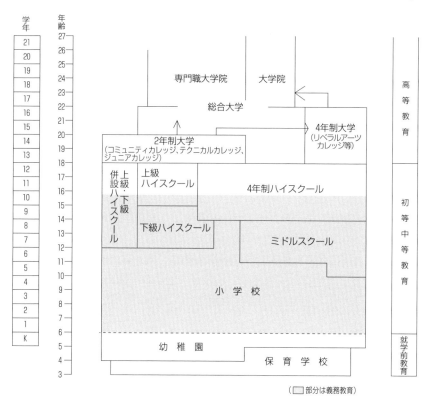

図8-1 アメリカの学校系統図
出所) 文部科学省『諸外国の教育統計　平成29（2017）年版』2017年、p.9。

れる。加えて、建国以来伝統的に民主主義の価値を重んじてきたアメリカでは、民主主義を担う市民を育むことも公教育の重要な役割とされ、社会科を中心に、様々な教科・科目で豊富な実践が蓄積されてきた。この「市民性（citizenship）」を加え、アメリカの学校教育の目標を"3つのC"、すなわち学業・進学（College）、職業（Career）、市民性（Citizenship）への準備と整理することもある。[1] 教育雑誌『ファイ・デルタ・カッパン（*Phi Delta Kappan*）』に掲載された一般市民を対象とした2016年の意識調査でも、公教育の中心的な目標についての回答は、学問的な準備（学業成績の向上や進学準備）が45％、職業準備が25％、良き市民となるための準備が26％と分かれている。[2] アメリカの教育課程は、こうした異なる理念や目標が混じり合い、またときにせめぎ合いながら、各地域・州で

様々に具現化されてきたものと捉えられる。

　歴史的にみても、アメリカにおける教育観は一枚岩では捉えられない。アメリカでは伝統的に、プラグマティズムの伝統に基づき、子どもの興味関心や生活、経験を重視する教育観と、学問的体系や学力を重視する教育観とが併存しており、時代によってどちらが強調されるかは変わってきた。前者の教育観を基礎とした伝統的な「進歩主義教育」が、1960年前後にスプートニク・ショックを契機に「学問系統重視の教育」へと転換されたが、それに伴い生じた問題から1970年代には「人間中心の教育」が広がった。しかし、子どもの学力に対する危機感から、1980年代半ば以降は「学力重視の教育」が強調されるようになってきた[3]。先の2016年の意識調査で"3つのC"のうち学業成績への期待が最も高いのも、そうした今日的な潮流の表れと言えるかもしれない。

2　学力保障に向けた集権的な改革の展開

　先述の通りアメリカでは従来、分権的な学校運営が基本とされてきたが、1990年代以降、人種・民族的背景や社会経済的階層による学力格差に端を発し、州や連邦政府が積極的に関与する形での改革が進められ、教育課程のあり方にも影響を及ぼしてきた。

　具体的には、まず州レベルで、主要科目のスタンダードが相次いで策定された。これにより、各科目で具体的に教えるべき内容について州の基準が定められ、州全体での教育内容の一定の統一が図られた。また州内の全学校を対象としたテストを導入し、児童生徒の学習成果を測定・評価する州も増えていった。

　さらに2002年に制定された「どの子も置き去りにしない法（No Child Left Behind Act）」を受け、連邦政府は州政府に対し、3年生から8年生までの読解と算数・数学のスタンダードや到達目標の設定を求め、州は到達状況を測るために両科目の年次テストの実施が義務づけられた（後に理科も対象科目に追加）。また成績の改善が見られない学校や学区に対しては、教職員の総入れ替えや経営権の譲渡などの選択肢を含む厳しい罰則規定が設けられた。

　こうした集権的で踏み込んだ改革は、深刻な学力格差への危機感の表れといえる。だが、課題や批判も数多く見られた。そもそも、一連の改革が学力の底上げに寄与したのかどうかについても意見は分かれる。また、日々の授業を「テストのための授業（teach to the test）」に狭め、豊かな教育内容・方法を教室から奪ったという批判もある。特に、低所得層やマイノリティの子どもが集ま

り、学力面でも課題を抱えやすい都市部の学校では、テストスコアを向上させるために、社会科や芸術系科目など、テスト対象外の科目の時間数を削る学校も少なくなかった。その結果、学力格差の是正を掲げた教育改革の陰で、豊かな教育実践の機会を得られやすい郊外の恵まれた学校と、テスト対策の授業が中心となりやすい都市部の学校との新たな教育格差が生じてきた面もある[4]。

なおその後2015年に、後継法として「すべての子どもが成功する法（Every Student Succeeds Act）」が制定され、州テストは継続されたものの、連邦政府の介入は限定的となり、各州の裁量が拡大した。他方で、州ごとに異なっていた教育内容に、一定の基準を設ける動きもある。2010年に公表され、2018年1月時点で42州とコロンビア特別区が参加している[5]「全米コア州スタンダーズ（Common Core State Standards）」である。同スタンダードでは、算数／数学と読解の2領域について小学校から高校までの基準が示されており、その内容は、深い理解や知識の活用、批判的思考力や問題解決能力など、単純な知識の多寡を越えて学力の再定義を試みるものとも解釈できる。

3 オルタナティブな教育課程への試み

テスト対策に焦点化した授業を余儀なくされる学校が出てきた一方で、アメリカでは、深く有意義な学びを目指すカリキュラムづくりも各地で蓄積されてきた。そうした実践事例を数多く収め、邦訳も刊行された本の1つである『デモクラティック・スクール[6]』からその一部を紹介したい。

進歩主義的教育の先進的な実践校として知られる、ニューヨーク市のセントラル・パーク・イースト中等学校では、「少なく学んで多くを学ぶ（Less is More）」という指針のもとカリキュラムが編成される。7年生から10年生では、学校日の半分は数学／理科領域、もう半分は人文領域（芸術・歴史・社会・文学）を中心に編成されたコア・カリキュラムで学ぶ。そこでは「正義」や「運動と力学的エネルギー」といった、教科の枠を越えたテーマが設定され、生徒たちは調査や討論、実験などを織り交ぜながらテーマについて深く探究する。11年生から12年生では、14の領域のポートフォリオ作成に取り組み、卒業審査会での発表を行う。このようによく練られた内容を深く学ぶことで、民主主義的な市民としての「精神の習慣（habits of mind）」を育むことが目指されている[7]。

シカゴ市の貧困地区に位置するバード・コミュニティ・アカデミーという公立小学校の5年生405教室では、教科書や標準化されたテスト対策教材ではな

く、非常に劣悪な学習環境でありながら校舎の新設が放置されているという同校の「本物の（authentic）」問題を追究する実践が展開された。子どもは教員も目を見張る意欲で学習に没入し、討議や調査を重ね、政治家やメディア、様々な利害関係者に働きかけ、問題を実際に解決するため種々のアクションを重ねていく。彼らはその過程で教科の垣根を越えた多くのことを学習していった。（実際、州テストの点数は、この学習に取り組む前年度に比べて上昇していた。）

おわりに

アメリカの教育課程は、その多様性ゆえ、全貌を捉えることは容易でない。しかしこうした多様性は同時に、多彩な教育実践が生み出される点で魅力でもある。教育課程をめぐる課題も可能性も内包した豊富な実践と経験の蓄積には、私たちが教育課程のありようを考える示唆が多く詰まっているといえよう。

2 イギリスの教育課程

本節では、イギリス（イングランド）の教育課程をとりあげ、2014年版のナショナル・カリキュラムの動向を中心に検討する。関連して、イギリスの学校制度、学校教育の経緯、そして教育評価についても取り上げる。

1 イギリスの学校制度

イギリスの学校教育制度（初等・中等教育）を**表8-1**基づいて概観する[8]。特に断りがない場合、公費で運営される公営学校を対象とする。

1年生、2年生などの学年に加えて、いくつかの学年を1つのグループにしたキーステージ（以下、KS）と呼ばれる区分が採用されている。その理由は、ナショナル・カリキュラムで教えるべき教科と、その到達基準の関係を示すためである。

(1) **初等教育**

初等教育は、5〜11歳の6年間である。全国共通カリキュラムに設定されている教育段階では、キーステージ1（KS1）と2（KS2）に該当する。

(2) **中等教育**

中等教育は、11〜18歳の7年間で、最初の5年間が義務教育である。ここでは、中等教育前半（11〜16歳）と義務教育後教育（16〜18歳）に分けて説明する。

表8-1 英国の学校制度

教育段階	年齢	学年	キーステージ(KS)	学校の名称		
高等教育	18〜			大学など		
後期中等教育	17〜18			シックスス・フォーム	シックスス・フォーム・カレッジ	継続教育カレッジ
	16〜17					
	15〜16	11	KS4	中等教育		
	14〜15	10				
前期中等教育	13〜14	9	KS3			
	12〜13	8				
	11〜12	7				
初等教育	10〜11	6	KS2	初等学校		
	9〜10	5				
	8〜9	4				
	7〜8	3				
	6〜7	2	KS1			
	5〜6	1				
就学前教育	4〜5	R	Early Years Foundation Stage	レセプション・クラス		
	0〜5			保育学校		

出所) 水森ゆりか「第3章 英国の学校と教員——複雑な制度をひもとく——」日英教育学会編『英国の教育』東信堂、2017年、pp. 77-81。

中等教育前半は、11歳〜16歳（14歳までがKS3、16歳までがKS4）で、多くは、初等教育終了者を入学試験無しで受け入れる総合制中等教育学校（コンプリヘンシブ・スクール、comprehensive school）である。ほかに、公営学校の多様な例として、コミュニティ・スクールや、フリー・スクールもある。

そして、独立学校と呼ばれる私立学校が存在している。その特徴は、自らの資金で運営され、ナショナル・カリキュラムに従う義務がなく、国家の管理を受けない点である。例えばグラマー・スクール（大学進学を目指す選抜校）がある。

義務教育後教育（post-compulsory secondary programme）では、ほとんどの生徒が、前期中等教育証書（GCSE）などの試験を受験する。

大学進学を目指す場合の課程として、シックスス・フォームやシックスス・フォーム・カレッジなどがあり、GCE・Aなど大学入学資格取得に向けた教育が行われる。前者は7年制の中等学校の最後2年間に設置されるのが伝統的

な形式である。後者は、シックスフォームを持たない5年制学校の生徒向けに独立して設置されている。

それとは別に、職業応用的課程は継続教育（further education）がある。継続教育カレッジ（further education college）で、職業教育として技術・職業などのコースが提供されている。フルタイムならびにパート・タイムのコースがある。

2　イギリスの教育課程の経緯

2014年の新ナショナル・カリキュラムに至る教育課程の変遷を90年代後半の動向を中心に俯瞰する。[9]

イギリスのナショナル・カリキュラムは、1989年に初等教育から順次実施された。

1997年には、保守党からブレア労働党政権が成立した。ブレア首相は、OECDの実施するPISAへの参加を決定し、国際標準化の学力を目指した。2000年の改訂版から、PISAのキー・コンピテンシーを意識して、学校教育で身につけるスキルとしてキースキル（コミュニケーション、数の応用、他者との協力、自分自身の学習と成績を改善する能力、問題解決）とそれを補完する思考スキル（情報処理スキル、推論のスキル、探求のスキル、創造的思考のスキル、評価のスキル）が示された。「何を学ぶか」と並行して、「どのように学ぶか」に焦点が置かれた。また、中等教育において「市民性」（citizenship）が法令科目として必修化された。

2010年5月には、キャメロン連立政権が誕生し、ナショナル・カリキュラムが全面的に見直された。それまではスキル面が強調されていたが、主要教科のコアとなる知識を身につける機会の提供に焦点が向けられた。この背景に、PISA2009の成績（読解力：25位／数学リテラシー：28位／科学リテラシー：16位）が世界的に見ても低いこと、労働党政権下の教育政策の批判がある。見直しの際には、教育水準の高い国・地域（カナダのアルバータ州、シンガポール、フィンランド、香港、韓国など）の取り組みが参考にされた。

3　2014年版ナショナル・カリキュラム

イギリスのナショナル・カリキュラムは、カリキュラム全体を規定するものではなく、学校カリキュラムの一部であるとされている。各学校・教師に裁量権が与えられ、創意工夫のもとに運営することが最良なカリキュラムであるとする考え方が根付いている。[10]

表8-2 提案された新しいナショナル・カリキュラムの構造

	キーステージ1	キーステージ2	キーステージ3	キーステージ4
年齢	5-7	7-11	11-14	14-16
学年	1-2	3-6	7-9	10-11
中核教科				
英語	✓	✓	✓	✓
算数／数学	✓	✓	✓	✓
科学	✓	✓	✓	✓
その他の基礎教科				
美術とデザイン	✓	✓	✓	
シティズンシップ			✓	✓
コンピュータ*	✓	✓	✓	✓
デザインと技術	✓	✓	✓	
外国語／近代外国語**		✓	✓	
地理	✓	✓	✓	
歴史	✓	✓	✓	
音楽	✓	✓	✓	
体育	✓	✓	✓	✓

注1) *情報通信技術（ICT）」から「コンピュータ（Computing）」への教科名の変更については、公開協議の結果に左右される。
注2) **教科名は、キーステージ2では「外国語」、キーステージ3では「近代外国語」となる。
出所) Department for Education, The National Curriculum in England Framework document for consultation, February 2013. p.7 Figure 1（新井・藤井、2013年）.

　2014年版のナショナル・カリキュラムも「学校・教師に自由と自律性を与え、世界標準の教育を目指す」とされ、その特徴が反映されている。**表8-2**にカリキュラムの構造を示す。

　教育内容は精選・明確化され、中核教科（英語・数学・理科）のアウトカムが重視され、他の科目については簡素化された。これ以外に必修ではないが、PSHE（人格・社会性・健康・経済教育）が学校カリキュラムには何らかの形で取り入れられている。公営学校のカリキュラムは、2002年の教育法第78条において、① 学校の生徒と社会の精神的、道徳的、文化的、知的及び身体的発達を促す、② 学校の生徒に将来の生活における様々な機会や責任、経験への準備をさせるもの、と義務付けられているためである。

育成すべきスキルは各教科の内容と関連付けて示され、ニューメラシー・数学的スキルと言語・リテラシー（特に会話言語）が重視されている。

このナショナル・カリキュラムの特徴を2点に絞って確認する。

1つは、「会話言語（話し言葉）」の重視である。あらゆる科目の中で育成される能力だとされるが、次の3つ理由が考えられている。① 学力達成一般に貢献する、② 新しいカリキュラムでは、カリキュラムの幅を狭めて学力を達成しようとしているが、とりわけ言語やコミュニケーションのスキル向上を重視する、③ 読むスキルや読解とは不可分に結びついており（例えば、音韻認識、語彙、構文知識の発達）、それは就学前の段階やKS1だけでは十分ではないとされている[14]。イギリスでは、もともと話すことの教育が積極的に行われてきたが[15]、ナショナル・カリキュラムに会話言語として明示された点は興味深い。

もう1つは、「コンピューティング」が、初等・中等教育を通して必修化された。教育内容として、デジタル・システムの設計、プログラミングなどの情報やコンピュータの原理がある。義務教育段階からのICT教育によって、競争的な環境での労働力に備えたスキル育成が目指されている。

4　教育評価

ナショナル・カリキュラムの成果をどのように把握しているのだろうか[16]。教育評価の仕組みとして、KS1に進む前に「基本的評価」(Baseline assessment)、11歳時に「全国評価テスト」(Standard Assessment Test) が行われている。以下では、義務教育終了時のGCSEと教育水準局ついて検討する。

(1) GCSE試験（16歳）

義務教育が終了する16歳の段階で受験する。外部機関によって実施され、生徒は教科ごとに受験し、合格すると修了証が与えられる。英語・数学が大きな比重を占めるが、興味や進路に応じて科目を選択し、受験科目数の制限は設けられていない。

2017年から新しい評価制度が導入された（**表8-3**）。それ以前（Old grades）は、教科ごとに8段階（A*, A, B, … F, G）で成績が示され、A*〜Cまでが「良い」とされていた。新制度（New grades）では、1〜9までの数値で示される（9が高評価、4で大体合格）[17]。

換算方法として、A*とAが、9、8、7に、6だとBよりもやや高い評価に該当する。ただ、旧来とは算出方法が異なるため、教育省（Department of

表8-3　2017年からの新しいGSCEsの評価制度

Old grades	New grades
A*	9
A	8
	7
B	6
C	5　STRONG PASS
	4　STANDARD PASS
D	
E	3
	2
F	
G	1
U	U

出所）Richardson, 2017.

Education）は、一概に比較できないとしている。また、生徒の成績（Grade5以上の生徒の割合）は学校評価にも反映される。

(2) 教育水準局（OFSTED）

　独立政府機関（教育省から一定度独立した機関）として、教育水準局がある。公営学校と独立（私立）校を対象に学校監査を行う。自由度の高い学校運営を「教育の質」「児童生徒の要求への対応」「教育水準の達成度」「学校経営」の項目について「優秀」「良好」「要改善」「不十分」の4段階で評価し、その結果をWEBに公開している。基本的には直近の監査の結果によって「優秀」をとると対象から除外されるが、その間も学力達成度は見られ、問題がある場合は監査を受けることになる。「不十分」と認定された学校は定期的に査察を受けて、改善が見られない場合には閉校措置が取られる。評価結果は保護者の学校選択材料にもなり、学校間競争の活性化につながる。この緊張感から教育水準を向上させる狙いがある。[18]

おわりに

　ナショナル・カリキュラムを踏まえて、学校・教師に学校カリキュラムを編成する裁量が認められているが、教育水準局による厳格な評価によって、学校運営を管理し、質向上を狙うシステムが確立している。アウトカムに基づく教

育課程を考えていく上で、イギリスの事例は有益な視点を提供してくれるといえる。

付　記　執筆にあたって、新井浅浩氏（城西大学教授）から助言をいただいた。記して感謝する。

3　フランスの教育課程

1　フランスの教育課程とペイヨン法

　フランスの教育制度は保育学校（3年）、小学校（5年）、コレージュ（中学、4年）、リセ（高校、3年）という単線型である。義務教育は法律上6歳から16歳までであるが、保育学校の就学率（3歳～5歳）は国民教育省によると100％であり、リセも進学率も上昇している。なお、年齢主義でなく課程主義をとるフランスでは小学校から留年がある。それは授業を理解しないままに進級することは授業が余計にわからなくなるだけ、という考え方に基づいている。最近留年率は低下する傾向にはあるが、それでもコレージュ1年生の10人に1人、普通・技術リセ3年生の4人に1人は「通常の学年より遅れて」いる生徒である。逆に「飛び級」もあり「通常の学年よりはやい」生徒もいる。普通・技術リセ3年の時点では5％ほどである。

　フランスで最近の教育に関する法律として、2013年の「共和国の学校の再構築のための基本計画法」（通称ペイヨン法）がある。同法は「教育という公役務は児童・生徒に社会で生きること、責任があり自由で民主主義の規則と原理を自覚した市民となることを準備させることである」（第12条）述べ、「学校は、とりわけ道徳・市民教育（enseignement moral et civique）を通して、児童・生徒に人とその出自、差異の尊重、男女平等、ライシテの尊重について習得させるものとする」「道徳・市民教育は生徒を責任ある自由な市民へと導き、批判的精神とよく考えられた振る舞いを身につけさせるようにする」（第41条）と規定している。「道徳・市民教育」は小学校、コレージュ、リセともに必修教科となっている。「共和国の価値の共有」はフランスの学校教育の目標とするところである。

　ペイヨン法は他にも教育課程に関しては、「情報デジタル機器の使用」についての教育（第38条）、外国語を小学1年生からはじめる（第39条）。「環境と持

続可能な発展のための教育」（第42条）、「芸術教育」（第10条）、「健康と市民性への教育」（第12条）といった規定がある。デジタル機器の使用については、進行がはじまった段階である。

　第12条で、義務教育はすべての児童生徒に「知識、コンピテンシー、教養・文化の共通の基礎」（以下、「共通の基礎」）を習得するのに必要な手立てを保障しなければならない、と述べているが、「共通の基礎」はその後に出された政令で以下の5つの領域にわたっている[19]。それが、教科ごとにつくられる学習指導要領に反映される。

　　① 考え伝達するための言語
　　② 学ぶための方法、手段
　　③ 人および市民の育成
　　④ 自然の体系とテクノロジーの体系
　　⑤ 世界の表象と人間の活動

　それぞれの領域ごとに習得すべき知識、コンピテンシー（ある特定の現実生活の状況において行動する能力[20]）が明記されている。例えば、③であれば、「感じたこと、意見を表現できること、他者を尊重すること。規則と権利に関すること、よく考え判断すること、参加やイニシャチブのなかで責任をもつこと」といった項目が並ぶ。

2　フランスの学習指導要領

　フランスでは2015年以降、保育学校（3歳〜5歳[21]）を第1学習期、小学校1〜3年生を第2学習期、小学4、5年生とコレージュ1年を第3学習期、コレージュ2〜4年を第4学習期と位置付けられるようになった。小学校高学年とコレージュ1年が同一学習期内になったのは初めてのことであり、小学校とコレージュの教員などをメンバーとする小中評議会が新たに設置されることが法定されるなど小学校とコレージュの連携が進められることとなった。

　① 小学校・コレージュ
　小学校・コレージュの学習指導要領は学習期ごとに定められる。小学校の時間数配当は**表8-4**の通りであるが、フランス語に多くの時間がかけられてい

表8-4 小学校週当たり授業時数

教科名／学年	1〜3年	4、5年
フランス語	10	8
算数	5	5
外国語・地方語	1.5	1.5
体育・スポーツ	3	3
科学・テクノロジー		2
芸術（音楽、造形）	2	2
世界を問う、道徳・市民	2.5	
歴史、地理、道徳・市民		2.5
合計	24	24

注）B.O., no. 44 du 26 novembre 2015に基づき作成。

表8-5 コレージュ週当たり授業時数

	1年	2年	3年	4年
体育・スポーツ	4	3	3	3
芸術（造形・音楽）	2	2	2	2
フランス語	4.5	4.5	4.5	4
歴史、地理、道徳・市民	3	3	3	3.5
第1外国語	4	3	3	3
第2外国語		2.5	2.5	2.5
数学	4.5	3.5	3.5	3.5
生命・地球科学		1.5	1.5	1.5
テクノロジー	4	1.5	1.5	1.5
物理・化学		1.5	1.5	1.5
合計	26	26	26	26

注）B.O., no. 22 du 28 mai 2015に基づき作成。

る。第2学習期では「学習の中心」と位置づけられている。フランス語の学習指導要領には「口頭表現」「読む、理解する」「書く」「言語（文法、つづり、語彙）」という項目がたてられている。それぞれに「知識とコンピテンシー」が明記されている。たとえば、「口頭表現」であれば「大人とまたは子ども同士の口頭のメッセージや大人の読む文章を理解する」「聞いて理解してもらうために話す」「さまざまな状況において、やりとりに参加する」といった項目である。「知識」だけでなく、コンピテンシーが求められる。学習指導要領には「状況の例」（例えば、ペアであるいは大人と話す、など）も挙げられている。

　コレージュの時間数配当は**表8-5**のとおりである。1年生と2年生以降で

学習期がかわることもあり、大きく変化する。今回の改訂により 2 年生以降は、第 2 外国語が必修となり、ラテン語は選択科目からも外された。

コレージュでは各学年で週26時間の割り当てがあるが、そのうち 1 年では 3 時間、 2 ～ 4 年では 4 時間は補助的指導 (enseignements complémentaires)（個人指導、総合学習的指導を含む。）の時間とされる。すなわち、上記26時間のうち、どの授業をそのように行うかは学校の裁量であるが、 3 ～ 4 時間はクラス全体でなく半分に分けるなどして行われている。総合学習的指導のテーマとしては、「身体、健康、幸福と安全」「文化と芸術活動」「情報、コミュニケーション、市民性教育」などが挙げられている。たとえば「情報、メディア教育」については数学、地理、生命・地球科学の教員が担当することができることが明記されている。ある中学では学年ごとにテーマを設定して実施している。フランスの中等教育は「教科ごとの壁」が高いといわれるが、個別的、総合的な学習を行う方向に改訂がすすめられたところがある。

② リセ

リセになると、普通・技術リセ（普通リセは 2 年次より理科、経済・社会科、文科の 3 コース、技術リセは 6 コースが存在）、及び職業リセ（専門は約100に分かれる）がある。普通・技術リセでは各コースに対応するバカロレアという後期中等教育修了と高等教育進学資格試験を兼ねる試験に合格することを目指して行われる。職業リセでは 2 年で習得できる CAP（職業適格証書、約200種ある）、あるいは 3 年で習得できる職業バカロレアの習得を目標とする。出題形式はすべて論述であり、哲学であれば「知るためには、観察するだけで十分なのか」というような問題に 4 時間かけて回答するというものである。リセの教育はそのような試験問題に答えることをできることを目指して行われるところがある。教員採用試験も同様の試験によって行われ、採点もリセ教員が行う。「試験のための教育」はフランスの学校において否定されることではない。それだけ「測定するべき能力」を試験で測定することができている、ということとが考えられる。

おわりに

フランスにおいても最近 PISA 調査における低迷ぶりが意識されるようになってきている。特に成績が下位の子どもの比率が高い。「生徒の多様性」が問題視されるようになってきている。フランスの教育は「すべての児童生徒の成

功」を目指すものであるが、フランス語能力に十分でない移民・外国人（外国籍の子どもも義務教育の対象である）の子どもは学業不振に陥りやすい、ということはよく指摘される。これまでも多くの手立てがなされてきたが、小学校の低学年時の学力不振がその後回復するケースは少ないなど、十分な成果はあげられていない。さらなる動向に注目する必要がある。

4 ドイツの教育課程

1 ドイツの教育の特色

　ドイツは計16の州から構成される連邦国家であり、学校教育行政ならびに教育政策に関して各州が独自の権限をもち、個別法を定めて政策を展開させる「文化高権（Kulturhoheit）」と呼ばれる仕組みをもっている。そのため州ごとに多様な教育制度がとられている。この仕組みのもと、各州の教育大臣が定期的に会合を持ち、その時々の教育課題について議論する「常設各州文部大臣会議（Kultusministerkonferenz：以下KMKと略記）」が組織されている。各州は州をこえて調整をはかるKMKの勧告に沿って、学校種別・学年ごとに教科基準（Fächerkanon）、各教科の週当たり時間数を定めた時間表（Stundentafel）、各学年の学習目標と学習内容を定めた教授プラン（Lehrplan）を作成してきた。ただし、実際の授業編成は学校（教員）の裁量に委ねられる部分が大きく、日本の学習指導要領のような一元的な統制は行われてこなかった。州ごとに教育制度が異なり、学校種別、さらには学校ごとに多様であることが教育をめぐるドイツの特色として位置づいてきた。

　しかしながら2000年代前半にいわゆる「PISAショック」を経験したドイツでは、教育をめぐる多様性が格差問題という切り口から問題化され、議論されることとなる。その結果、2000年代半ばから全州にて「教育スタンダード」が導入され、達成すべき最低限のスタンダードを意識した教育政策・教育制度改革を、各州は実施していくこととなる。

　本節では、「PISAショック」以前と「PISAショック」後の2つの時間軸から、ドイツにおける教育課程の変化と課題について論じる。

2 教育をめぐる多様性と格差問題──「PISAショック」以前──

　第2次世界大戦後、ドイツの多くの州で採用されてきたのが、「伝統的三分

岐型教育制度」と呼ばれる教育制度である。この教育制度は、早い年齢段階から能力別に進路を振り分けることが、公正であるという教育理念によって支えられてきた。初等教育段階にあたる基礎学校第4学年を修了すると（おおよそ10歳の時点）、主に成績に基づいて職業教育を志向するトラック（基幹学校）、事務、専門職の養成を志向するトラック（実科学校）、大学進学を志向するトラック（ギムナジウム）、3つのいずれかの学校種に振り分けるというシステムがとられてきた。この教育制度のもと、各州それぞれが教科教育に重点を置いたカリキュラムを作成してきた。ドイツの学校は基本的に「授業中心の学校」として発展し、子どもの「人格」を形成することや生活全体にかかわるような幅広い教育を行おうとする動きが全面に出てくることはなかった。あくまでも学校は教授学校として位置づき、家庭や学校外（青少年援助など）と教育をめぐって学校、家庭、学校外の三者が役割を明確に分担してきた。

　しかし、2001年末に公表されたOECDによるPISA調査の結果が、ドイツの場合OECD平均を大きく下回る「惨憺たる」ものであったこと、また州ごとの平均得点に大きな開きがあったことから、州間の多様性は学力をめぐる州間格差の問題として議論されることとなる。

　また公正という観点から、同一学校種であっても授業時間数が州ごとに大きく異なる点も問題として捉えられた。2002／2003年度では初等教育段階にあたる第1学年から第4学年までの総授業時間数を比べた時に、2451時間（ラインラント・プファルツ州）から3078時間（ハンブルク州（都市州））と大きな差がみられ、質保証の観点から議論されることとなった。

3　スタンダード化の流れ ──「PISAショック」後──

　「PISAショック」後、各州の教育政策の指針として位置づいたのが、KMKが中心となって策定した「7つの行動分野」である。州間の学力格差が大きいという問題に対しては、スタンダードを設定し、教育の質を保証するという姿勢が示された。7つの行動分野の5つ目に「スタンダードにもとづいた授業の質向上と学校教育の質保証のための措置および結果重視の評価」が位置づいた。

　2004年10月、KMKによって初等教育段階と中等教育段階各学校種の修了資格の質保証を目的に設けられた教育スタンダードは、2005／2006年度より、教育段階別に順次各州の教授プランに反映させることが求められた。

　そして各州が教育スタンダードに基づいた教授プランへと再編した結果、

2011／2012年度時点では、どの州も初等教育段階においては1カ月に最低90時間以上（週平均は約25時間）授業を行う形へと変化している。以下では、各教育段階別に教育課程の特徴について、みてみよう。

4　初等教育段階の教育課程

初等教育段階にあたる基礎学校では、ドイツ語、算数、事実教授（Sachunterricht)、外国語、美術、工作・テキスタイル造形、音楽、体育、宗教・倫理の教科教育が行われている。教科をこえた学習についても重視されているが、初等教育段階では特にドイツ語、算数、事実教授の3教科が核となる教科として位置づけられている。

なお事実教授とは、第2次世界大戦後のドイツにおいて授業の科学化、事実化を目指して独自に発展してきた教科であり、子どもの現実的生活・環境に即した教育内容が追求されている。事実教授は、子どもの経験、観察、行動、現実との直接的出会い、社会的活動様式を主な内容としながら、そこから客観的正しさ・理解の追及へと発展させることをねらった教科である[28]。

初等教育段階においては、基礎学校最終学年にあたる第4学年でのドイツ語、算数の教育スタンダードがKMKによって設定されている。

5　前期中等教育段階の教育課程

「PISAショック」後、各州にて教育制度改革が進み、「PISAショック」以前に比べて前期中等教育段階の教育課程はより一層多様化が進んでいる。しかしながら前期中等教育段階の修了にあたっては、基幹学校修了資格と中等学校修了資格（実科学校、ギムナジウム、総合制学校などで取得可能）の2つに大きく分類することができる。基幹学校修了資格を取得するためには必修および選択科目あわせて年間で146時間、中等学校修了資格を取得するためには176時間が勧告されている。

核となる教科については、KMKによって週当たりの授業時間総数が修了資格に応じて定められている（表8-6参照）。これらはあくまでも第5学年から第9学年もしくは第10学年までの間に実施が推奨される週あたり時間の総数が示されているにとどまり、どの学年に何時間割り当てるかは、各学校の裁量とされている。ただし、各教科をどの学年から開始するかはKMKによる勧告に準拠することが求められている。例えば外国語については、ギムナジウムの場合、

表8-6　週当たり授業時間総数―前期中等教育段階（第5学年～第9学年／第10学年）

修了資格	基幹学校	中等学校
ドイツ語	19	22
数学	19	22
外国語	16	22
自然科学	13	16
社会科学	13	16

出所）KMK, 2014, Vereinbarung über die Schularten und Bildungsgänge im Sekundarbereich I, Onlineausgabe, S. 8-9.

遅くとも第7学年までに必修科目として、第2外国語の履修を開始することが求められている。なおギムナジウム以外の学校種では、第2外国語は必修科目ではなく、選択科目として位置づけられている。

軸となる教科以外に、音楽、芸術、体育の教科が必修もしくは選択科目として位置づけられている。

前期中等教育段階では、基幹学校修了資格として第9学年のドイツ語・数学・第1外国語が、また中等学校修了資格として、第10学年のドイツ語、数学、第1外国語、生物、化学、物理の教育スタンダードが設けられている。

6　後期中等教育段階の教育課程

後期中等教育段階には大学進学を志向するギムナジウム上級段階（第10学年～第12学年／第13学年）が該当する。後期中等教育段階の修了資格は大学入学資格（Abitur）にとってかわられる。ギムナジウム上級段階以外にも、州によっては総合制学校あるいは上級学校などでもアビトゥアを取得することができる。

後期中等教育段階における必修科目は言語文化芸術的課題分野、社会科学的課題分野、数学自然科学的課題分野の3分野から構成されている。言語文化芸術的課題分野には、ドイツ語、外国語（英語、フランス語、ギリシャ語、ラテン語、その他の外国語）、芸術、音楽などが含まれ、社会科学的課題分野は、歴史、政治、社会、地理、経済、法律、哲学、倫理などの教科からなる。数学自然科学的課題分野は数学、生物、化学、物理、情報、技術などの教科からなる。

宗教については、州ごとに位置づけが異なり、社会科学的課題分野に明確に位置づけている州もあれば、体育などと同様に特定の課題分野には位置づけて

いない州もある。

後期中等教育段階では第12学年／第13学年における、ドイツ語、数学、英語、フランス語の教育スタンダードが設定されている。

おわりに

「PISAショック」を経験したドイツでは、それまでの組織としての学校をどのようなものにするか、「インプットと前提条件」を強く統制する状態から、教育スタンダードを用いて「アウトプット」を統制する状態へと移行しつつある。しかしそれは「戦後の反省」の一環として、それまで重視してきた教育をめぐる多様性が直ちに失われるという状態を生んではいない点に、ドイツの特徴がみられる。あくまでも最低限実施すべき点、あるいは最低限到達すべきレベルについての合意が形成されたと理解することが重要であろう。依然として、州ごとに、学校ごとに裁量の余地が大きいのがドイツの教育をめぐる特徴としてあげられる。

したがって、「PISAショック」直後の政策過渡期から、政策定着期に移行しつつある今日において、改めてドイツにおける教育をめぐる多様性について、格差問題という切り口から、(再)検討することが、「PISAショック」後の政策評価へとつながると考える。

5　中国の教育課程

1　教育課程改革の背景

21世紀に入ってから中国は教育課程の大改革を断行している。「今日の世界には、総合的な国力の競争が、経済力、国防力、民族の統一力の競争になっている。その際、どの面の実力の増強にもまず教育が基礎になる[29]」と江沢民は1996年に既に述べている。世界の科学技術の飛躍的な発展の中これに乗り遅れてはならない、そのためには教育の発展しかない、という危機意識が中国には常に存在する。巨大な人口を豊富な人的資源に転化させるために、中国の教育を「未来に向かって、世界に向かって、近代化に向かう」(鄧小平)ために、中国政府は「教育の現代化を加速し、教育の強国を建設しよう[30]」という方針を打ち出して、教育課程改革を加速している。主な目的は次の通りである。

・受験教育に反対し、生徒の全面的な発展をめざす素質教育を推進すること、教育はすべての生徒に向かうこと、生徒の学習の基本権利を保障すること。
・教育課程の構造と内容を調整し、教授方法と学習方法を改革し、21世紀に中国の特色ある教育課程体系を立てるようにすること。

2 教育課程改革と新課程の実施

(1) 改革前の旧課程を見直す

　旧課程は知識に偏りすぎる価値観であるため、子どもの健全な人格形成を行うことが軽視された。例えば、学校をあげて学業成績の向上と受験準備に追われるため、学校嫌い、勉強嫌いの生徒たちは学年が上がるに従って増加していく。1997年の全国学校教育状況調査では、学校を楽しさを感じる子どもの割合は、小学校4年生で70％、6年生で54％、中学校2年生で30％、3年生で25％へと下降していく。特に都市部の中学校3年生は、73％が学校に楽しさを感じていない、という数値が出ている。また、道徳や労働習慣等を育成することも軽視されている。特に都市では、毎日家事を手伝う子どもの数は、学年が上がれば上がるほど減少していく。小学生で40％、中学生になると16％にまで低下する。

　基礎知識と基本技能の習得を重視するのが旧課程の特徴である。生徒に深い基礎知識をしっかり持たせることができるけれども、教える方法と学習方法が古く、大多数の授業は教え込みで、生徒に教えたことを丸暗記させる。内容が生徒の経験、体験及び生活や、地域と社会実態から遊離したものになり、生徒たちの問題解決の能力や人間関係をつくる力や、表現力、創造性などを育成することがかなり軽視されている。

　旧課程の構造は単一である。教科課程が絶対的な地位を占めて、領域にまたがる総合的な課程はあまりない。必修課程がほとんどであり、選択課程が極めて少ない。全国画一的な課程であり、地域あるいは学校によってつくられた課程はあまりない状態である。

(2) 教育課程改革のねらい

　教育課程改革のねらいは以下の通りである。生徒の健全な人格と正しい価値観の形成を目指し、生徒に自然、社会と自身に責任感を持たせ、体智徳美の全面的に又個性ある発展をさせる。

課程内容は生徒の生活及び科学技術の発展との関連を強化して、生徒たちの趣味と経験、体験を注目して、生涯学習の基礎と意欲を最大限に育成させる。

教える方法と学習方法を変える。教えることは、教師と子どもの相互の作用であり、生徒たちに情報を収集する能力と処理する能力、新しい知識を獲得する能力、問題を解決する能力などを育成させることである。学ぶのは生徒たちが自分から進んで考えたり、交流したり、探求したり、実践したりすることである。

国家、地域、学校の三者が連携する教育課程管理制度を実行し、それに、国家教育課程の他に、地域と学校が実態に応じた課程を開発できるようにする。

(3) **教育課程の改革の主なステップ**

2001年6月に、教育部は「基礎教育課程改革指導要領〈試行〉」を公布して、21世紀の始めの段階にある中国基礎教育の発展を全面的に計画して、課程理念、課程目標、課程構造、課程評価から教師訓練及び保障措置などを具体的に規定した。

2001年9月に、教育部は義務教育段階（小中学校9年間）の各教科の教育課程標準22個を公布した。各課程標準はその課程の設置背景、課程編成の理念、課程目標、内容標準及び実施、評価、教材以外の課程に利用可能な資源の開発とその利用、教材編集など各方面の提案から構成した。

教育部は教育改革推進の計画を立てた。2006年までに、全国では、すべての小中学校における新課程は計画どおりに実施した。それに従って、義務教育各段階の教科書の改訂も行われた。

2003年に、教育部は「高校教育課程提案〈試行〉」と各教科の課程標準を公布した。2004年から中国にある四つの省（区）で実施を始め、2009年まで29の省（区）で実施し、2011年から全国の高校で新課程を全面的に実施した。さらに2014年から、高校課程標準の改訂を始め、2018年9月から新標準を実行する予定である。

(4) **教育課程の改革の具体的な措置**

① 立徳樹人、徳育を強化する

2014年教育部は「中国生徒の核心素質体系」を制定し始め、同時に核心素質（key competencies）を基づく高校の新しい課程標準を制定し、各学科に核心素質の養成を重視しなければならないと要求している。また、2018年秋から、小学校1-2学年の〈道徳と生活〉と3-6学年の〈道徳と社会〉課程を中止し、

〈道徳と法治〉課程に換える。

② 教科課程を改善する

義務教育段階の課程を教育段階別の特徴に基づいて設置する。小学校段階には総合課程を主として、中学校段階には総合課程と教科別の課程を両方バランスして、高校段階には、教科別の課程を主とする。課程標準により、各教科の課程目標は〈情感、態度と価値観〉、〈知識と技能〉及び〈過程と方法〉という３つの面から構成し、教科書の編制、課程の内容もそれに従わなければならない。

小中高校の教育内容に生徒の生活体験を関連させ、社会発展、技術進歩と多元文化を関連させ、古く、煩わしく、難しい内容を大幅に削除する。学科数を減らし、各学科の授業時数も適当に減らす。研究型学習方法を導入し、教科書に傾きすぎの教え込み教授法から、児童生徒たちを問題を解決する方向へ導くことをすすめる。各教科の授業中に情報技術の利用を積極的に推進して、授業の条件を整備する。

③ 総合実践課程を増設する

今回の改革では、３−６学年と中学校、高校に〈総合実践活動〉という体験的、活動的な課程を設置する。その主な内容は問題解決中心の探究プロジェクト、地域のボランティア、情報技術、労働工作技術４つの面である。授業時間

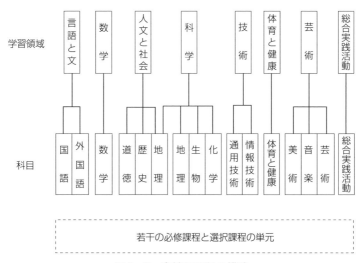

図8−2　高校の課程の構造

は小中学校では総授業時間の8％である。高校では、必修単位の24％を占めている。

④ 地域と学校による課程を強化する

改革前に学校の課程には、国家課程は総授業時間の92％を占めた。改革後、郷土に対する愛情と実践能力を育成するために、地域と学校によってつくり上げる課程を強化した。郷土知識、生産技術、地域の生活など内容を課程に多く入れており、授業時間も前に比べて総時間の8％から16〜20％に増加している。

⑤ 科学課程を調整する

2017年9月から、小学校の第1学年から科学課程を設置する。以前には1-2学年の科学教育は〈道徳と生活〉の課程において実行していたのが廃止されたので、小学校の第3学年から科学課程を設置する。

⑥ 選択課程を多く設置する

高校の課程には、選択課程は重要な構成部分となっている。

例として、高校の生物科の必修と選択単元は次のようである。

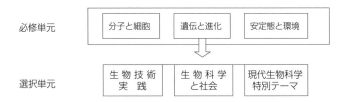

おわりに

今回の教育課程改革は中国の基礎教育の新しい時代を開いている。しかし改革中には多く古い観念と旧体制からの抵抗が強く、新課程に相応しい条件も短時期に備えることができない。「千里の道の第一歩」が動き出したと言っても過言ではないだろう。

❻　韓国の教育課程

韓国では、1949年の「教育法」（法律第48号）の時期を経て、1997年に再編成された「教育基本法」（法律第5437号）及び「初・中等教育法」（法律第5438号）が教育の基本法規となっている。「教育基本法」第2条には「教育は弘益人間

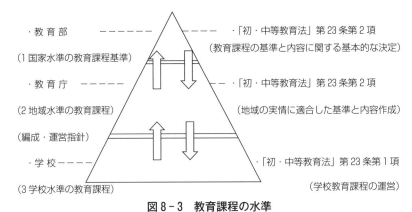

図8-3　教育課程の水準

出所)　教育部『2015改訂教育課程総論解説——初等学校——』2016年、p.5。

（広く人間社会に利益を与えること）の理念の下に、全ての国民が、人格を陶冶し、自主的な生活能力及び民主的な市民としての資質を備えることで、人間らしい生活を営み、民主国家の発展及び人類共栄という理想の実現に貢献できることを目的とする」という教育理念が明記されている。また国家水準の教育課程の編制と運営については「初・中等教育法」第23条に規定されている。次の**図8-3**は教育課程決定の主体による各水準の教育課程を示したものである。

　教育部による「国家水準の教育課程」（1）の制定と、それに基づく各地域教育庁による地域の社会、文化等の実情を考慮した「地域水準の教育課程」（2）が作成されており、各学校は各自の実態を考慮した「学校水準の教育課程」（3）を作成して編成・運営している。教育課程決定の分権化は1992年の第6次教育課程から強調され、1998年にはその分権化のための体制が整備された。[31] 以上のような教育課程改訂の特徴を中心に、本章では、韓国の教育課程を知るために、1946年の「教授要目」の時期から現行の「2015年改訂教育課程」までの変遷過程における特徴について考察する。

1　教育課程の変遷（1946年の教授要目時期から現行の教育課程の以前まで）

(1)　幼稚園教育課程

　1946年から実施された「教授要目」を経て1969年に第1次「幼稚園教育課程」が成立した。第1次教育課程は、'幼稚園教育を通して経験する全ての学習活動'と意味付けられているように、経験中心主義の影響を受けている。教

育内容は「健康」、「社会」、「自然」、「言語」、「芸能」の5つの領域で構成されている。

第2次改訂（1979年）では、「国民の資質の涵養、知識人・技術者としての人材養成」という国家的使命が示された。教育内容は、「身体及び健康発達」、「社会・情緒発達」、「認知発達」、「言語発達」の4つの領域になり、領域名に'発達'の言葉が使われた。これはピアジェ（Piaget, J.）の認知発達論を中心とする欧米の心理学の影響であり、この時期には'学問中心の視点に立った教育課程'に改訂された。

第3次改訂（1982年）では、初中等教育課程の改革と足並みをそろえて教育課程の体系化・系統化が重視された。教育内容は「身体発達」、「情緒発達」、「言語発達」、「認知発達」、「社会性発達」の5つの領域となり、第4次まで続いた。特に1980年代は、アメリカの幼児教育の環境構成理論の影響を受けており、「興味領域」（コーナー保育とも称される）別の環境構成理論が導入された。[32]

第5次改訂（1992年）では、教育課程の編成及び運営が'中央集権型教育課程'から'地方分権型教育課程'に転換された時期であるが、本来幼稚園は小中学校より自律的に運営されていたため大きな影響はなかったといえる。教育内容の領域名が「発達」から「生活」へと変わり、経験中心の視点が強調された。教育活動の適用においては、子どもの発達に合わせての水準別教育活動内容が目安として示された。

第6次改訂（1998年）は、「初・中等教育法」（1997年）を法的根拠として、「21世紀情報化・世界化時代を主導する自律的で創意的な韓国人育成」の基本指針が示され、時代に対応するための教育の国際化が強調された。「2007年改訂幼稚園教育課程」では、「21世紀の知識情報化時代を主導することができる人間と自然を尊重し愛する韓国人育成」が基本方向としている。

(2) **初等教育課程**

本節では現行の教育課程以前の改訂の特徴を中心に、第3期に分けて概観する。

1) 第1期 国家教育体制の整備及び教育課程の成立の時期
　　　――教授要目（1946年）時期～第3次改訂（1973年）以前まで――

1946年の「教授要目」は、教育目標としては「弘益人間」の精神に立脚して愛国・民族愛教育を強調している。「社会生活科」の教科を新設し、社会生活

を営為するのに必要な基本的な教養を内容として「民主市民の育成」を目標としている。

第1次教育課程（1954年）は、「教育法」（1949年）に根拠した最初の体系的な教育課程であり、教育課程の編制は「教科」と「特別活動」で構成された。教授要目時期から第1次教育課程の時期は日本の植民地支配からの独立（光復1945年8月15日）と韓国戦争（1950年6月25日）による社会的・道徳的混乱により、社会秩序維持のための反共教育や道義教育、実業教育が強調された。

第2次教育課程（1963年）時期は、経験中心の教育課程の性格として教育課程の「自主性・生産性・有用性」が強調された。教育課程の編制は、「教科活動」、「反共・道徳」、「特別活動」の3つの領域に分けられた。

2) 第2期：経済発展等の国家的使命と社会変化への対応
――第3次改訂（1973年）～第6次改訂（1992年）以前まで――

第3次改訂（1973年）の背景には、1968年の「国民教育憲章」の理念とともに1960年代にアメリカで台頭した'学問中心教育課程'の思潮がある[33]。教育課程の編制では「反共・道徳」が削除され、「道徳」が教科として新設され、「教科活動」と「特別活動」の2元的構成となった。

第4次改訂（1981年）では、「民主社会・高度産業社会・健全な社会・文化社会・統一祖国建設に必要な健康な人、審美的な人、能力のある人、道徳的な人、自主的な人を育む」ことが教育課程の目標となっている。教育課程の編制は、第3次と同じ構成である。1～2学年の教科書が「正しい生活（道徳＋国語＋社会）」、「賢い生活（算数＋自然）」、「楽しい生活（体育＋音楽＋美術）」に統合された。

第5次改訂（1987年）は、教育課程の「適正化」、「内実化」、「地域化」が改訂方針となった。教育課程の編制は、1学年は「私たちは1学年」の科目名に統合され、2学年は「教科：国語、算数」と「特別活動」の2元的構成となった。

3) 第3期：教育課程の決定の分権化と自律化の拡大
――第6次改訂（1992年）～「2007年改訂教育課程」（2007年）時期まで――

第6次改訂（1992年）では'中央集権型教育課程'から'地方分権型教育課程'に転換され、地域と学校の自律権が拡大された。教育課程の「追求する人間像」は健康な人間、自主的な人、創意的な人、道徳的な人である。教育課程

の編制は、「学校裁量時間」が新設され、「教科」、「特別活動」、「学校裁量時間」の領域で構成された。1995年の部分改訂では学校長の裁量によって新しく「英語」を教科として含むことが可能になり、3～6学年に週当たり平均2時間が配当され実施された。

第7次改訂（1997年）の方針は「21世紀の世界化・情報化時代を主導する自律的で創意的な韓国人育成」である。初中高の学校級別区分をなくして、小1学年から10年間（高校1）の「国民共通基本教育課程」とされたのが特徴である。

「2007年改訂教育課程」（2007年）では、各学校の教育課程運営の自律権が拡大され、「特別活動」は各学校の実情に合わせて時間配当をするようになった。

「2009年改訂教育課程」（2009年）では「創意的な人材養成」を目標としている。教育課程の編制では、「国民共通基本教育課程」が「共通教育活動」に改称され、義務教育期間の9年間（中学3学年まで）に変更された。また、「裁量活動」と「特別活動」が統合され「創意的体験活動」が新設された。

2　現行の教育課程

(1)　**幼稚園：「3‐5歳年齢別ヌリ課程（以下ヌリ課程とする）」**（教育科学技術部告示第2012-16号、保健福祉部告示第2012-82号）

現行の「ヌリ課程」は幼保共通カリキュラムとして「満3‐5歳幼児の心身の健康と調和のとれた発達を援助し民主市民の基礎を形成すること」を目的として、「身体運動・健康」・「意思疎通」・「社会関係」・「芸術経験」・「自然探究」といった5つの領域の内容構成となっている。教育課程の適用において、子どもの発達に合わせて「Ⅰ水準」（満3歳）・「共通水準」（満4歳）・「Ⅱ水準」（満5歳）の水準別教育活動内容が目安として示された。クラス編成は、満3歳児は15名、満4‐5歳児は20名である。幼稚園の年間教育日数は180日、1日の教育時間は180分を最低基準とし、地域と各幼稚園の実情に合わせて自律的に決定している。「ヌリ課程」の時間は1日3～5時間を基本とし園の自律的運営が可能である。

(2)　**小学校：「2015年改訂教育課程」**（教育部告示第2015-80号）

教育課程の背景は「創意融合型人材」養成に対する国家・社会的要求であり、「追求する人間像」は自主的な人、創意的な人、教養のある人、共に生きる人である。教育課程の基本方向は、「① 人文・社会・科学技術に対する基礎素養

教育、②学生の夢と適性を育む学生中心の教育課程、③未来社会に必要な核心力量、④学習量の適正化、⑤教育内容、教授・学習、評価の一貫性、⑥学校現場の要求の反映」である。教育課程の編制は「教科」と「創意的体験活動」の2元的構造であり、「創意的体験活動」（1～2学年の「安全な生活」を含む）は自律活動、クラブ活動、ボランティア活動、進路活動で構成されている（**表8-7**）。特に、現行の教育課程は小学校の統合教科の領域（大主題）と「ヌリ課程教師用指導書」に提示されている'主題'との系列性を確保し、教育課程における幼小連携が強化されている。

3　考　察

韓国の教育課程の変遷過程における特徴をまとめると、第1に、教育課程の変遷の背景には欧米の教育思潮の影響並びに国内の社会的、政治的要因がある。教授要目（1946年）時期から第5次改訂（1992年）以前までは教科中心・経験中心・学問中心であった教育課程は、それ以降、教育思潮の統合的・複合的な理論的背景となり、1990年代からの社会変化に対応するための国家の教育ビジョンを重視する創意的学生育成を中心に改訂が展開されている。

第2に、教育課程決定の分権化及び地域・学校の自律的編成・運営である。

表8-7　初等学校教育課程の編制及び時間配当基準（2015年12月1日）

区 分		1～2学年		3～4学年	5～6学年
教科	国語	国語	448	408	408
	社会／道徳			272	272
	数学	数学	256	272	272
	科学／実科	正しい生活	128	204	340
	体育	賢い生活	192	204	204
	芸術（音楽／美術）	楽しい生活	384	272	272
	英語			136	204
小計		1,408		1,768	1,972
創意的体験活動		336　安全な生活（64）		204	204
学年群総授業時間数		1,744		1,972	2,176

①1時間授業は40分を原則とするが、気候及び季節、学生の発達程度、学習内容の性格、学校実情等を考慮して柔軟に編成・運営できる。②学年群及び教科（群）別時間配当は年間34週を基準として2年間の基準授業時数を表している。③学年群別の授業時間総数は最低時数を表している。④実科の授業時間は5～6学年の科学／実科の授業時数に含まれているものである。

出所）　教育部『2015改訂教育課程総論』2016年12月15日 p. 149。

表 8-8　中学校教育課程の編成及び時間配当基準（2015年12月1日）

区　分		1～3年
教科	国語	442
	社会（歴史を含む）／道徳	510
	数学	374
	科学／技術・家庭／情報	680
	体育	272
	芸術（音楽／美術）	272
	英語	340
	選択	170
小計		3,060
創意的体験活動		306
総　授業時間数		3,366

① 1時間授業は45分を原則とするが、気候及び季節、学生の発達程度、学習内容の性格、学校実情等を考慮して柔軟に編成・運営できる。② 学年群及び教科（群）別時間配当は年間34週を基準として3年間の基準授業時数を表したものである。③ 授業時間総数は3年間の最低時数を表したものである。④ 情報科目は34時間を基準として編成・運営する。
出所）　教育部『2015改訂教育課程総論解説──初等学校──』2016年12月15日 p. 151。

　第6次改訂（1992年）以前の教育課程決定は中央集権体制であったが、1997年の「初・中等教育法」を法的根拠として地域の市・道教育庁と各学校の自律権が拡大され、地域水準及び学校水準の教育課程の自律化が位置づけられた。

　第3に、「国民共通基本教育課程」の編制と学生中心の教育課程の実施である。教育課程期間は、第7次改訂（1997年）から10年間（小1-高1）編制から2009年改訂では9年間（小1-中3）に変更となり、9年の義務教育期間における基本教科を中心とする教育の一貫性が強調され、現在に至っている（**表8-8**）。また、小学校1-2学年の教科書の統合及び学生の自己主導的学習中心の「裁量活動」を通して、学生中心の教育課程の運営を保障しようとした。これは教育課程の考え方が教育課程の作成者中心から学習者中心に転換されたものといえる。

　第4は、小学校教育における英語教育の充実である。第6次改訂（1992年）で学校長の裁量で英語が教科として導入され、1995年部分過程で教科として外国語（英語）が新設された。1997年から授業時間の配当が3-4学年は34週、5-6学年は68週を基準に実施され、2009年の改訂では、学校水準の教育課程において各科目（教科群）別20％の自律的増減運営が可能となった。現行の教

表8-9 初等教育課程の変遷のまとめ

区 分	告示・根拠	特 徴
教授要目	教授要目の時期（1946年）	・教科編制及び時間配当の時期／（教科別）
第1次教育課程	文教部令第35号（1954年4月20日）	・「教育法」（1949年）に根拠した教育課程 ・教科中心教育課程／（教科、特別活動）
第2次教育課程	文教部令第119号（1963年2月15日）	・経験中心・生活中心の教育課程 ・学校長に裁量権付与・（教科、反共・道徳生活、特別活動）
第3次教育課程	文教部令第31号（1973年2月14日）	・学問中心の教育課程 ・（教科、特別活動）
第4次教育課程	文教部告示第442号（1981年12月31日）	・総合的（教科中心・経験中心・学問中心）、未来志向的教育課程 ・（教科、特別活動）
第5次教育課程	文教部告示第87-9号（1987年6月30日）	・統合教育課程、情報化社会対応教育・市・道の地域別教科書開発 ・特殊学級の運営指針反映・（教科：1－2学年統合教科、特別活動）
第6次教育課程	教育部告示第1992-16号（1992年9月30日）	・中央集権型から地方分権型に転換：地域、学校の自律権拡大 ・（教科、特別活動、学校裁量時間）、英語（3－6学年）の教科新設
第7次教育課程	教育部告示第1997-15号（1997年12月30日）	・学生中心の教育課程・「国民共通基本教育課程」、地域分権型教育課程 ・（教科、裁量活動、特別活動） ・'英語' を '外国語（英語）' に改称
2007年改訂教育課程	教育人的資源部告示第2007-79号（2007年2月28日）	・学生中心の教育課程の維持・水準別授業・週5日授業制の自律権 ・（教科、裁量活動、特別活動）
2009年改訂教育課程	教育科学部告示第2009-41号（2009年12月23日）	・創意的な人材養成・'国民共通基本教育' が9年間（初1－中3）に変更 ・（教科、創意的体験活動）
2015年改訂教育課程	教育部告示第2015-80号（2015年12月1日）	・学生中心の統合教育課程・創意融合型人材養成のための教育課程 ・「ヌリ課程」との連携／（教科、創意的体験活動）

育課程では、学生の言語発達水準を考慮した意思疎通中心の教育が行われている。英語教育は教育財政的支援を土台として充実化している。

おわりに

このように韓国の教育課程は、初期の教育思潮の影響及び国内の要因を土台

とした自主的な教育課程の構造として発展してきている。特に教育課程決定の分権化・地域及び学校の編成・運営の自律権の拡大は変遷過程の主な特徴である（**表 8-9**）。それは今後においても国家と地域及び学校の技能的役割分担と協力を強化し、単位学校のより効果的・内実のある運営をしくいく課題でもあろう。将来の教育ビジョンの下、時代的変化に対応するためのより望ましい教育課程の新しいパラダイムの構築は今後も必要である。

注

1) 例えば、「学校経営とカリキュラム開発学会（Association for Supervision and Curriculum Development）」による以下など（http://www.ascd.org/public-policy/well-rounded-education.aspx、2018年1月20日最終確認）。
2) Phi Delta Kappa "The 48th Annual PDK Poll of the Public's Attitudes Toward the Public Schools", *Phi Delta Kappan*, Vol. 98, No. 1, 2016.
3) 赤星晋作『アメリカの学校教育——教育思潮・制度・教師——』学文社、2017年。
4) Carter, P. L. & Welner, K. G. (eds.) *Closing the Opportunity Gap: What America Must Do to Give Every Child an Even Chance*, Oxford University Press, 2013.
5) http://www.corestandards.org/standards-in-your-state/（2018年1月20日最終確認）。
6) マイケル・W・アップル、ジェームズ・A・ビーン編（澤田稔訳）『デモクラティック・スクール——力のある学校教育とは何か〔第2版〕——』、上智大学出版、2013年。
7) 同校の実践については、以下にも詳しい。デボラ・マイヤー著、北田佳子訳『学校を変える力——イースト・ハーレムの小さな挑戦——』岩波書店、2011年。
8) 篠原康正「イギリス」文部科学省『諸外国の初等中等教育』明石書店、2016年、pp. 91-129。；水森ゆりか「第3章 英国の学校と教員〜複雑な制度をひもとく」日英教育学会編『英国の教育』東信堂、2017年、pp. 77-81。
9) 藤井泰「イギリスにおける連立政権によるナショナルカリキュラムの見直しの動き——『ナショナルカリキュラムの枠組み』（2011年）を中心に——」『松山大学論集』第24巻、第6号、2013年、pp. 61-86。；松尾知明『21世紀スキルとは何か——コンピテンシーに基づく教育改革の国際比較——』明石書店、2015年、pp. 38-55。
10) 新井浅浩・藤井泰「イギリスの教育課程」国立教育政策研究所『諸外国の教育課程と資質・能力——重視する資質・能力に焦点を当てて——』2013年、pp. 15-26。
11) 新井浅浩「イングランド」国立教育政策研究所『諸外国の教育課程と学習活動』2016年、pp. 18-21。
12) 新井・藤井、前掲書、p. 21。

13) 片山勝茂「第6章 第4節 PSHE（人格・社会性・健康・経済教育）」日英教育学会編『英国の教育』東信堂、2017年、pp. 326-243。
14) 新井・藤井、前掲書を参照。
15) 例として、山本麻子『ことばを鍛えるイギリスの学校――国語教育で何ができるか――』岩波書店、2006年。
16) 松尾、前掲書、を参照。
17) Hannah Richardson, GCSE results: How the new grading system works.（http://www.bbc.com/news/education-40826391、2018年7月26日最終確認）。
18) 高妻紳二郎「スクール・インスペクション」日英教育学会編『英国の教育』東信堂、2017年、p. 126を参照。
19) B.O., no. 17 du 23 avril 2015.
20) 細尾萌子「コンピテンシーに基づく教育改革」（フランス教育学会編『現代フランスの教育改革』明石書店、2018年、pp. 150-170.）、Xavier Roegiers, *De la connaisance à la competénce*, P.I.E. Peter Lang, 2017. など、参照のこと。
21) 詳しくは、大津尚志「世界の保育・幼児教育と子育て支援 フランス」伊藤良高他編『保育・幼児教育のフロンティア』晃洋書房、2018年、pp. 127-130、参照。
22) Collège: mieux apprendre pour mieux réussir, 2016.
23) 「読解力」でみると、フランスはレベル1b未満、レベル1bという習熟度レベル階層の割合は2.3％、6.5％であり、OECD平均（1.3％、5.2％）を上回っている。
24) スリフカ アンネ「第9章 均質性重視から多様性重視へと変わるドイツの教育」OECD編著、斎藤里美監訳『多様性を拓く教師教育』明石書店、2014年、pp. 263-278。
25) ヘルスパー ヴェルナー／フムリヒ メーレ著、ビアルケ（當山）千咲訳「近代化のアンビバレンスの視点から見た教育制度・学校・青年期の関係の変容」『教育社会学研究』第78集、2006年、pp. 73-86。
26) Autorengruppe Bildungsberichterstattung (2012), *Bildung in Deutschland 2012*, Onlineausgabe.
27) Beschlüsse der Kultusministerkonferenz (2004), *Bildungsstandards im Fach Deutsch für den Primarbereich*, Onlineausgabe.
28) 原田信之「ドイツ連邦共和国の事実教授と授業構成原理：ブレーメン州を中心に」『創価大学教育研究』創刊号、1991年、pp. 165-186。
29) 江沢民の全国教育大会での演説より、1996年。
30) 習近平「中国共産党19回全国代表大会の報告」より、2017年。
31) 朴チャンオン『現代教育課程学』学志社、2017年、p. 27。
32) 李基淑『幼児教育課程〔改訂2版〕』教文社、2002年、pp. 282-285。
33) 朴正熙政権による1968年の「国民教育憲章」（1968年10月1日）の理念は、国民的資

質の涵養及び人間教育の強化、知識・技術の刷新等を基本方向として「自我実現（個人）と国家発展及び民主的価値の涵養（社会）」を教育目標としている。

参考文献

北野秋男編著『現代アメリカの教育アセスメント行政の展開──マサチューセッツ州（MCASテスト）を中心に──』東信堂、2009年。

北野秋男・吉良直・大桃敏行編『アメリカ教育改革の最前線──頂点への競争──』学術出版会、2012年。

マイケル・W・アップル、ジェームズ・A・ビーン編（澤田稔訳）『デモクラティック・スクール──力のある学校教育とは何か──〔第2版〕』、上智大学出版、2013年。

篠原康正「イギリス」文部科学省『諸外国の教育動向2016年度版』2017年、明石書店、pp. 55-95。

マンディ・スワン他（新井浅浩他訳）『イギリス教育の未来を拓く小学校「限界なき学びの創造」プロジェクト』大修館書店、2015年。二宮皓編著『新版 世界の学校──教育制度から日常の学校風景まで──』学事出版、2013年。

フランス教育学会編『フランス教育の伝統と革新』大学教育出版、2009年。

フランス教育学会編『現代フランスの教育改革』明石書店、2018年。

藤原文雄編『世界の学校と教職員の働き方』学事出版、2018年。

鐘啓泉等「基礎教育課程改革綱要（試行）解説」華東師範大学出版社、2001年。

教育部『2015改訂教育課程総論解説──初等学校──』2016年12月。

教育科学技術部・保健福祉部『3─5歳年齢別ヌリ課程解説書』2013年。

教育部報道資料 www.moe.go.kr「2015改訂教育課程総論及び各論確定発表」（2014年9月23日）。2018年1月最終確認。

《執筆者紹介》（執筆順、＊は編者）

上坂　保仁（うえさか　やすひと）	明星大学教育学部教授	第1章
橋本　一雄（はしもと　かずお）	中村学園大学短期大学部准教授	第2章
小針　　誠（こばり　まこと）	青山学院大学教育人間科学部教授	第3章1
冨江　英俊（とみえ　ひでとし）	関西学院大学教育学部教授	第3章2
＊伊藤　良高（いとう　よしたか）	奥付参照	
＊大津　尚志（おおつ　たかし）	奥付参照	
池亀　葉子（いけがめ　ようこ）	特定非営利活動法人 Creative Debate for Grass Roots 理事長	コラム1
井上　大樹（いのうえ　ひろき）	札幌学院大学人文学部准教授	第4章3、4
二見総一郎（ふたみ　そういちろう）	東京大学大学院教育学研究科基礎教育学コース大学院生	コラム3
鈴木　伸尚（すずき　のぶひさ）	大阪公立大学大学院文学研究科特任講師	コラム4
池上　　徹（いけがみ　とおる）	関西福祉科学大学健康福祉学部教授	第4章5
奥野　浩之（おくの　ひろゆき）	同志社大学免許資格課程センター准教授	第5章
福嶋　尚子（ふくしま　しょうこ）	千葉工業大学工学部教育センター准教授	第7章
古田　雄一（ふるた　ゆういち）	筑波大学人間系助教	第8章1
井田　浩之（いだ　ひろゆき）	城西大学教職課程センター助教	第8章2
布川あゆみ（ふかわ　あゆみ）	東京外国語大学世界言語社会教育センター准教授	第8章4
李　　季湄（りー　きび）	中国上海市華東師範大学元教授	第8章5
韓　　在熙（はん　ぜひ）	四天王寺大学短期大学部准教授	第8章6

〈編著者略歴〉

大津 尚志（おおつ たかし）[第4章2，コラム2，第6章，第8章3]
 1999年 東京大学大学院教育学研究科博士課程単位取得退学.
 専 攻 教育学（教育課程論，社会科・公民科教育論）.
 現 在 武庫川女子大学学校教育センター准教授，修士（教育学）.
 著 書 『校則を考える』（晃洋書房，2021）.
    『諸外国の道徳教育の動向と展望』（共著，学文社，2021）.
    『校則改革』（共著，東洋館出版社，2021）.
    『だれが校則を決めるのか』（共著，岩波書店，2022）.
    『世界に学ぶ主権者教育の最前線』（共編著，学事出版，2023），他.

伊藤 良高（いとう よしたか）[第4章1]
 1985年 名古屋大学大学院教育学研究科博士課程単位認定退学.
 専 攻 保育学・教育学（保育制度・経営論）.
 現 在 熊本学園大学社会福祉学部教授，桜山保育園理事長，博士（教育学）.
 著 書 『〔増補版〕現代保育所経営論──保育自治の探究──』（北樹出版，2002）.
    『新時代の幼児教育と幼稚園──理念・戦略・実践──』（晃洋書房，2009）.
    『保育制度改革と保育施設経営──保育所経営の理論と実践に関する研究──』（風間書房，2011）.
    『増補版 幼児教育行政学』（晃洋書房，2018）.
    『保育制度学』（晃洋書房，2022），他.

新版
教育課程論のフロンティア

2010年9月10日　初版第1刷発行	＊定価はカバーに
2015年10月15日　初版第4刷発行	表示してあります
2018年9月30日　新版第1刷発行	
2023年5月15日　新版第3刷発行	

編著者 大　津　尚　志 ©
    伊　藤　良　高
発行者 萩　原　淳　平
印刷者 田　中　雅　博

発行所 株式会社　晃 洋 書 房
〒615-0026 京都市右京区西院北矢掛町7番地
電　話　075(312)0788番(代)
振替口座　01040-6-32280

装丁　クリエイティブ・コンセプト　印刷・製本　創栄図書印刷(株)

ISBN978-4-7710-3090-9

JCOPY 〈(社)出版者著作権管理機構 委託出版物〉
本書の無断複写は著作権法上での例外を除き禁じられています．
複写される場合は，そのつど事前に，(社)出版者著作権管理機構
（電話 03-5244-5088, FAX 03-5244-5089, e-mail: info@jcopy.or.jp）
の許諾を得てください．

伊藤良高 編集代表
2020年版　ポケット教育小六法
新書判 346頁
本体 1,300円（税別）

日本保育ソーシャルワーク学会 編
保育ソーシャルワークの思想と理論　第1巻
A 5判 202頁
本体 2,200円（税別）

日本保育ソーシャルワーク学会 編
保育ソーシャルワークの内容と方法　第2巻
A 5判 218頁
本体 2,200円（税別）

日本保育ソーシャルワーク学会 編
保育ソーシャルワークの制度と政策　第3巻
A 5判 208頁
本体 2,200円（税別）

西尾祐吾 監修
保育者の協働性を高める子ども家庭支援・子育て支援
──「子ども家庭支援論」「子ども家庭支援の心理学」「子育て支援」を学ぶ──
B 5判 304頁
本体 3,000円（税別）

伊藤良高・大津尚志・香﨑智郁代・橋本一雄 編
保育者・教師のフロンティア
A 5判 134頁
本体 1,400円（税別）

伊藤良高・永野典詞・三好明夫・下坂剛 編
改訂新版　子ども家庭福祉のフロンティア
A 5判 126頁
本体 1,400円（税別）

伊藤良高・大津尚志・橋本一雄・荒井英治郎 編
新版　教育と法のフロンティア
A 5判 144頁
本体 1,500円（税別）

伊藤良高・冨江英俊・大津尚志・永野典詞・冨田晴生 編
改訂版　道徳教育のフロンティア
A 5判 158頁
本体 1,700円（税別）

小林和雄 著
真正の深い学びへの誘い
──「対話指導」と「振り返り指導」から始める授業づくり──
A 5判 116頁
本体 1,600円（税別）

鶴宏史 編著
障害児保育
B 5判 280頁
本体 3,000円（税別）

石村卓也・伊藤朋子 著
教職のしくみと教育のしくみ
──教育制度論──
A 5判 248頁
本体 2,800円（税別）

━━━ 晃　洋　書　房 ━━━